ウポポイ アエエラマン
カンピソシ

ウポポイ まるごと ガイド

北海道新聞社 編

北海道新聞社

ウポポイまるごとガイド ［目次］

（写真グラフ）……………………004
全体MAP ……………………010
ウポポイとは ……………………012
アクセス・開園時間・入場料 ……………015

国立民族共生公園 ………016

展望広場・いざないの回廊・歓迎の広場…018
エントランス棟 ……………………020

［西エリア］

体験交流ホール ……………………022
アイヌの歌と踊り ……………………024
伝統芸能上演 シノッ ……………………026
伝統芸能上演 イメル ……………………028
特別伝統芸能上演 イノミ ……………………029
短編映像上映、
屋外プロジェクションマッピングショー……030
［コラム❶］伝統芸能の復興と伝承を目指す……031
体験学習館……………………032
楽器演奏鑑賞 ……………………034
調理体験……………………036
［コラム❷］スケアン ロ 調理体験ポロトキッチン…039

［東エリア］

工房 ……………………040
ものづくり見学 ……………………042
刺しゅう体験・木彫体験 ……………044
［コラム❸］受け継ぐ技 ……………045
伝統的コタン ……………………046
チセ（家屋）……………………048
コタンの暮らし ……………………050
文化解説プログラム ……………………051
口承文芸実演 ……………………052
丸木舟実演・解説 ……………………053
弓矢体験 ……………………054
ウポポイの植物 ……………………055
［コラム❹］伝統的コタンの「チセ」……………056
［コラム❺］アクシノッ 〜遊びを通して磨いた腕……057
アイヌ語学習プログラム……………………058
［コラム❻］アイヌ語が飛び交う環境へ……061
ポン劇場……………………062
［コラム❼］紙芝居で伝えたいこと……………063

国立アイヌ民族博物館 ·········064

エントランスロビー・ライブラリ ················066

交流室 ···········068

シアター ·············070

パノラミックロビー ·············072

導入展示 ············074

　［コラム❽］収蔵資料の科学分析 ·········075

基本展示室 ···············076

　プラザ展示 ··········078

　私たちのことば ···········080

　私たちの世界 ············082

　私たちのくらし ············084

　私たちの歴史 ·············086

　私たちのしごと ·············088

　私たちの交流 ············090

　探究展示 テンパテンパ ···········092

特別展示室 ·············094

　［コラム❾］アイヌ語表示 ·········096

慰霊施設 ···········098

飲食店・ショップ ············100

白老町周辺観光情報 ···········104

アイヌ民族についてもっと知りたい ··········112

歴史／ウポポイ開設経緯／博物館／書籍

／キャラクター、ロゴマーク

おわりに ·············127

アイヌ アリ アイエ プ アナクネ
「アイヌ」アリ アン イポロセ イッケウェ アナクネ シサム オッタ
「人間」アリ アイエ プ ネ ワ アイヌ ウタラ アレコ ヒ タ カ アエイワンケ.

004

アイヌとは

「アイヌ」という言葉は、『人間』などを意味するアイヌ語であり、
民族名称でもあります。

国立アイヌ民族博物館
パノラミックロビーからの風景

ウポポイの夏

ウポポイの冬

アヌココロ アイヌ イコロマケンル
[ケンル アカラ イッケウェ]
タパン ケンル アナク アイヌ ウタラ アアイヌコロ クニ アパセレ クニ
アイヌ ウパシクマ アイヌ プリ インネウタラ アエコウパシクマ コロ
サスイシリ パクノ アピラサ クス アカラ ルウェ ネ.

国立アイヌ民族博物館

[設立趣旨]

国立アイヌ民族博物館は、先住民族であるアイヌの尊厳を尊重し、
国内外にアイヌの歴史・文化等に関する正しい認識と理解を促進するとともに、
新たなアイヌ文化の創造及び発展に寄与するために設立されました。

ウポポイ全体MAP

体験学習館 …P32~

芝生広場

西エリア

体験学習館別館2

体験学習館別館

体験交流ホール …P22~

体験学習館別館3

P 第1駐車場

貸出所

展望広場

入り口

いざないの回廊

歓迎の広場

エントランス棟

駐車場
出入り口

入退場
ゲート

歩行者
出入り口

◀白老駅まで約500m　│　慰霊施設まで約1,400m▶

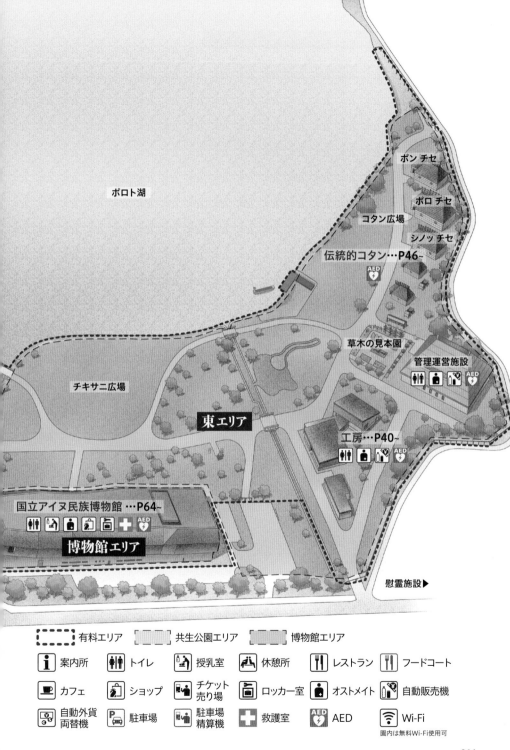

ポロト湖

ポン チセ

ポロ チセ

コタン広場

シノッ チセ

伝統的コタン…P46~

草木の見本園

管理運営施設

チキサニ広場

東エリア

工房…P40~

国立アイヌ民族博物館 …P64~

博物館エリア

慰霊施設▶

有料エリア　　共生公園エリア　　博物館エリア

案内所　トイレ　授乳室　休憩所　レストラン　フードコート

カフェ　ショップ　チケット売り場　ロッカー室　オストメイト　自動販売機

自動外貨両替機　駐車場　駐車場精算機　救護室　AED　Wi-Fi

園内は無料Wi-Fi使用可

ウポポイ［民族共生象徴空間］

アイヌ民族の世界と出会う場所

■ウポポイとは

アイヌ民族は日本列島北部周辺、とりわけ北海道の先住民族です。日本語と系統の異なる言語である「アイヌ語」をはじめ、自然界すべての物に魂が宿るとされる「精神文化」、祭りや儀礼などで踊られる「舞踊」、独特の「文様」による刺しゅう、木彫りの工芸など固有の文化を発展させてきました。

ウポポイは、日本の貴重な文化の一つでありながら存立の危機にあるアイヌ文化の復興、発展のための拠点となるナショナルセンターです。また、わが国が将来に向けて先住民族の尊厳を尊重し、差別のない多様で豊かな文化を持つ活力ある社会を築いていくための象徴として整備したものです。所在地は北海道白老町。豊かな自然に抱かれたポロト湖のほとりで、アイヌ文化の多彩な魅力に触れることができます。2020年7月から一般公開されました。愛称の「ウポポイ」は、アイヌ語で「（大勢で）歌うこと」を意味します。

■主な施設

（1）アヌココロ ウアイヌコロ ミンタラ
　　　／国立民族共生公園

　体験交流ホール、体験学習館、伝統的コタン、工房などからなる体験型フィールドミュージアムです。

（2）アヌココロ アイヌ イコロマケンル
　　　／国立アイヌ民族博物館

　先住民族アイヌを主題とした日本初の国立博物館。東北以北で初めて開設された国立博物館でもあります。

（3）シンヌラッパ ウシ／慰霊施設

　アイヌ民族の遺骨などについて、関係者の理解及び協力の下で集約し、アイヌ民族による尊厳ある慰霊の実現及び受け入れ体制が整うまでの間の適切な管理を行うための施設です。ポロト湖東側の太平洋を望む高台に、慰霊行事施設、墓所、モニュメントなどを整備しています。

■ウポポイでできること

　園内でのさまざまな体験プログラム、国立アイヌ民族博物館での展示など、知的好奇心を刺激するコンテンツを豊富に用意しています。

Point 1　触れる　伝統芸能・食・ものづくりなど、アイヌ文化に体験を通じて触れることができます。

Point 2　感じる　言語や信仰など独自性を有するアイヌ文化の魅力を、五感で感じることができます。

Point 3　考える　「共生」を考える足掛かりとして、アイヌに関する歴史や文化などを学ぶことができ、多角的な思考力を育成することができます。

❖アクセス・開園時間など

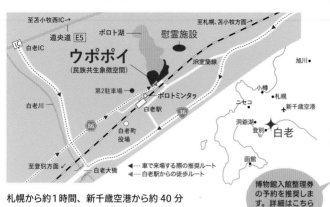

園内ガイドアプリ
園内施設や博物館の展示物について、音声や写真などで案内します。（8言語に対応）

ウポポイ公式
ウェブサイト
ウポポイに関する詳しい情報はこちらをご覧ください。

博物館入館整理券の予約を推奨します。詳細はこちらをご覧ください。

札幌から約1時間、新千歳空港から約40分

■札幌
【札樽道札幌北IC】高速道路利用で約65分
【JR札幌駅】特急列車利用で約65分

■新千歳空港
【道央新千歳空港IC】高速道路利用で約40分
【JR新千歳空港駅】特急列車利用で約40分

■函館
【道央道大沼公園IC】高速道路利用で約2時間50分
【JR函館駅】特急列車利用で約3時間
＊所要時間はいずれも目安。乗り換え時間は含みません。

● JR白老駅に特急列車（北斗、すずらん）1日31本停車
● JR白老駅から徒歩約10分・白老ICから車で約10分

■開園時間 （2023年度の場合）

4月1日～4月28日	9:00～18:00
4月29日～5月7日	9:00～20:00
5月8日～6月30日	平日 9:00～18:00
9月1日～9月30日	土日祝 9:00～20:00
7月1日～8月31日	9:00～20:00
10月1日～10月31日	9:00～18:00
11月1日～3月31日	9:00～17:00

【閉園日】
月曜日および12月29日～1月3日、2月20日～2月29日
＊月曜が祝日または休日の場合は翌日以降の平日に閉園
＊ただし5月1日、7月10日、8月14日、9月19日、2月5日は開園

■入場料 （税込み）

	一般	団体（20人以上）	年間パスポート
大人	1,200円	960円	2,000円
高校生	600円	480円	1,000円
中学生以下	無料	無料	－

＊有料の体験プログラムや博物館の特別展の料金は含みません。
＊障がい者とその介護者1人は無料です。入場の際は障がい者手帳等をご提示ください。

■駐車・駐輪料金 （第1駐車場246台　第2駐車場311台　駐車可能）

	乗用車	二輪車・自転車
一般駐車場	1回500円（税込み）	無料

＊当日限り
＊二輪車の幅が90cmを超える大型二輪車等は乗用車扱いとなります。

■問い合わせ
公益財団法人　アイヌ民族文化財団 （ウポポイ内）
住所：〒059-0902　北海道白老郡白老町若草町2-3-2
電話：0144-82-3914　FAX：0144-82-3685　https://ainu-upopoy.jp/

国立民族共生公園

豊かな自然に囲まれた、アイヌ文化が息づく憩いの場
多様なプログラム通じ体感を

ポロト湖のほとり、四季折々に変化する自然の中、西エリアの「体験学習館」「体験交流ホール」、東エリアの「工房」「伝統的コタン」などからなる体験型フィールドミュージアムです。

園内では、国の重要無形民俗文化財に指定され、ユネスコの無形文化遺産にも登録されている「アイヌの伝統芸能」や「口承文芸」などが上演されています。また、知的好奇心を刺激するアイヌ語学習プログラムや楽器演奏体験、料理体験、ファミリー向けプログラム、刺しゅうや彫刻の体験プログラムなど多様なコンテンツが用意されており、より身近にアイヌ文化を感じることができます。

展望広場

森や湖、視線の先に広がる眺望が出迎え

展望広場は、ウポポイの入り口。ポロト湖やポロト自然休養林、その先の樽前山など、ありのままの自然景観がアイヌ文化と解け合い、来場客を迎え入れてくれます。さあ、「いざないの回廊」に進んで行きましょう。

遠くに樽前山の山容が望める

ウポポイ PR キャラクター「トゥレッぽん」がお出迎え

いざないの回廊

自然との共存。角を曲がると別の景色が

いざないの回廊の壁には動植物が描かれ、自然と深い関わりを持ちながら暮らしたアイヌの文化を漂わせる演出になっています。角を曲がるごとに、森の奥深くへと景色が展開していきます。回廊を抜けると、「歓迎の広場」です。

国立民族共生公園

来場客をウポポイ内部へと導く「いざない
の回廊」

歓迎の広場

北海道らしいスイーツやアイヌ料理、土産物も

回廊を抜けると、大きく開けた広場が現れます。道産食材を使ったスイーツのテイクアウトショップやアイヌ料理、土産物などを提供するカフェがあります。外の心地いい風を感じながら、ベンチで一休み。飲食も楽しめます。

国立民族共生公園

エントランス棟

有料エリアの入り口 案内所やショップも

エントランス棟は半円形の建物2棟からなり、インフォメーションや発券所、授乳室、ロッカーなどが備わっています。また、レストランやフードコート、お土産ショップもあります。来場客を安全に、かつ円滑に迎えるためのエリアです。突き当たった奥に有料エリアへの出入り口があり、入退場ゲートをくぐると、いよいよウポポイ内部へと入場します。

上空から見たエントランス棟と国立アイヌ民族博物館

国立民族共生公園

インフォメーション

エントランス棟のショップ

エントランス棟内のフードコート

※物販、飲食店舗の詳細 P100 〜に

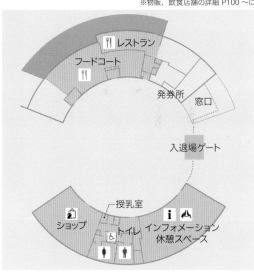

ウエカリ チセ

体験交流ホール

歌や踊り　アイヌの伝統芸能を堪能

屋根が緩やかにカーブした体験交流ホール

国立民族共生公園

園内に入って左手、西エリアに目を向けると、最初に飛び込んでくるのがウエカリ チセ、体験交流ホールです。屋根や壁面など建物全体が緩やかにカーブする曲線のフォルムが印象的な建物です。ステージのスクリーンに映し出される北海道の四季折々の自然映像を取り入れた演出とともに、歌や踊り、物語、楽器演奏など、各地で伝承されてきたアイヌの伝統芸能を紹介します。

ホールに入ると、すり鉢状に広がる客席と円形のステージを挟んだ奥には、ポロト湖や森、対岸のコタンを望む大きな借景窓が、まるで屏風絵のように四季折々のウポポイの姿を映します。ウエカリ チセとは、アイヌ語で「（人が）集まる 家」という意味。アイヌの伝統芸能の世界を堪能しましょう。

伝統的な衣装がひときわ印象的

サキドリ 座席指定整理券が必要で、エントランス棟のインフォメーションと体験交流ホール前で配布。公演開始まで１時間を切っている場合は、体験交流ホール前のみでの配布。プログラムの内容と上演時間は要チェック。

ホール内の客席とポロト湖や対岸のコタンの風景を
望む借景窓

ササの束を打ち付け魔を払い、その場を清める

国立民族共生公園

竹製の伝統楽器ムックリの音色に耳を傾けて

［ 体験交流ホール内での注意事項 ］
●開演5分前までの入場にご協力ください。場内が暗くなるため、開演後の途中入場はお断りしております。
●ホール客席内での飲食、上演・上映中の撮影は禁止です。

ウポポ ネワ リムセ

アイヌの歌と踊り

伝承と復興 アイヌの伝統芸能の魅力を発信

アイヌ民族に伝わる芸能には、日々の暮らしの中で歌われてきたものから儀礼やお祭りの際にカムイとの関わりの中で踊り、演じられるものなど、さまざまな歌や踊りがあります。

子守唄や自分の思いを歌う即興歌、数人で漆器のふたをたたいてリズムをとりながら輪唱するように歌うウポポ（座り歌）、節が付くユカㇻ（英雄叙事詩）やカムイユカㇻ（神謡）という口承文芸も芸能の一つです。

国立民族共生公園

クリムセ（弓の踊り）

サケカㇻ ウポポ（酒づくりの歌）

サキドリ 伝統芸能上演は「シノッ」（20分）、「イメル」（20分）、「イノミ」（30分）のプログラムがあり、公演ごとにいずれかを上演します。

地域によって「リムセ」「ホリッパ」「ウポポ」「ヘチリ」などと呼ばれる踊りには、鶴やフクロウ、キツネ、バッタの動き、トドマツや葦（あし）が風に揺れる様子など動植物をモチーフにしたもの、狩猟や漁労、農耕などの生業をモチーフにしたストーリー性のあるもの、輪になっていくつかの動作をつなぎあわせ繰り返し踊るもの、悪いものを威嚇し魔を払うものなど、各地のいろいろな踊りが歌とともに伝承されてきました。

しかしながら、時代とともにアイヌの芸能をめぐる環境は変化し、昔ながらの歌や踊りを楽しむ機会が減るなど、伝統芸能を受け継ぐことが難しい状況もありました。現在、アイヌの芸能は「アイヌ古式舞踊」として、17の保存会が国の重要無形民俗文化財の保護団体として指定（1984年、94年）を受けているほか、2009年（平成21年）にはユネスコ無形文化遺産にも登録されています。

ウポポ（座り歌）

サルルンカムイ リムセ（鶴の踊り）

ハンチカプ リムセ（水鳥の踊り）

タプカラ（踏舞）

伝統芸能上演 シノッ 伝承のかたち

白老で伝承されてきたものをはじめ、阿寒や帯広、本別、鵡川など各地の伝承者から直接指導を受けた演目を中心に、映像資料や音声資料などから復元した踊りや歌、口承文芸、伝統楽器ムックリ（口琴）などアイヌの伝統芸能を、北海道の美しい自然映像とともに紹介しています。

プログラムは、歓迎の辞、アイヌの正式なあいさつ「ウウェランカラㇷ゚」から始まります。「ウウェランカラㇷ゚」は、男性が炉端に着座し、両手を擦り合わせながら左右に動かし、手のひらを上にして上下させるなどして「イランカラㇷ゚テ（ごあいさつ申し上げます）……。」と特別な言葉を使い、節に乗せて歌うように述べます。

国立民族共生公園

ウポポ（座り歌）

ユカラ／サコロペ（英雄叙事詩）

シチョチョイ（豊作の踊り）

フッサ ヘロ（病魔祓いの踊り）

 サキドリ 伝統芸能上演「シノッ」では、踊りや歌、口承文芸、楽器演奏などの中から5演目を紹介。公演ごとに一部の演目を変更して上演していますので、チェックしてください。

026

同じように節に乗せて語るユカヮやサコロペと呼ばれる英雄叙事詩は、空を飛ぶなどの超人的な力を持つ少年が主人公のお話。レゥニ（拍子木）で炉縁をたたいて拍子を取りながら語られるもので、物語の冒頭部分をアイヌ語で紹介します。

また、伝統楽器の演奏では、竹製のムックリの音色を聞くことができます。弁の振動を口の中で響かせて鳴らすムックリは、演奏者ごとに特徴ある音色を楽しむことができます。ウコウゥと呼ばれる数人が同じ歌を一定の間隔を置いて歌い出すウポポ（座り歌）やサロルン リムセ（鶴の踊り）、クリムセ（弓の踊り）などの踊りのほか、動物の魂をカムイの世界に送り返すイヨマンテの際などに踊られる輪踊り、イヨマンテ リムセでフィナーレを飾ります。

イヨマンテ リムセ（熊の霊送りの踊り）

サロルン リムセ（鶴の踊り）

フッタレ チュイ（トドマツの踊り）

エムシ リムセ（刀の踊り）

伝統芸能上演 イメル 再生のかたち

　アイヌの伝統芸能の中には、時代の流れの中で埋もれてしまい、見聞きすることができず、伝承されてこなかった歌や踊りが数多くありますが、一方、文献や音声、映像によって記録された資料が残されています。この上演プログラムは、それらの資料から復元を試みた歌や踊りを中心に紹介します。

　「イメル」とは、稲光のこと。伝承の新しい可能性に挑戦する時代の担い手たちをイメルが照らします。

国立民族共生公園

タプカラ（踏舞）

サルルンカムイ リムセ（鶴の踊り）

イヨマンテ リムセ（熊の霊送りの踊り）

ウポポ（座り歌）

エムシ リムセ（刀の踊り）

028

特別伝統芸能上演 イノミ 創造のかたち

あらゆるものに魂が宿ると考えるアイヌの精神世界。私たちの役に立つもの、私たちの手に負えないものをカムイと呼び、カムイは、私たちの世界にたくさんの土産とともに訪れます。カムイへ感謝の祈りをささげ、酒やごちそう、歌、踊りでカムイをもてなし、その魂をカムイの世界に送る儀礼イヨマンテを題材とした

アイヌ語のみで進行する特別プログラム「イノミ」。熊のカムイが人間の世界にやって来るところから始まり、酒こしや団子づくり、場を清める踊り、儀礼の準備から祈り、酒宴の様子などイヨマンテの次第に沿って進行。カムイと共にあるアイヌの芸能の今を紹介します。

イユタ ウポポ（杵つき歌）

エムシ リムセ（刀の踊り）

ハンチカプ リムセ
（水鳥の踊り）

イヨマンテ リムセ（熊の霊送りの踊り）

短編映像上映　カムイ ユカ_ラ

アイヌ民族に語り継がれる物語の一つ、カムイユカ_ラ（神謡）をアニメーションで上映します。スクリーンだけではなく、床にまで映し出すダイナミックで立体的な映像体験をお楽しみください。

作品❶ カムイを射止めた男の子

貧しい家のアイヌの男の子が、いじわるなガキ大将にいじめられていたその時、まだら鳥のカムイが現れて…。

作品❷ キツネに捕まった日の神

ある日、1匹の悪いキツネが日の神・チュプカムイの子をさらってしまうところから物語は始まります。

カムイを射止めたのは、きれいな心でした。

アイヌの世界に、新しい光が生まれる物語

カムイ シンフォニア
屋外プロジェクションマッピングショー

西 エリア

夕暮れから行われる映像ショーです。体験交流ホールの屋外壁面を大きく使って、アイヌ民族の創世神話をダイナミックなプロジェクションマッピングで上映します。

映像、音、光り輝くオブジェや樹木が連動したユニークな演出が魅力的です。

ウポポイの夜を締めくくる映像世界をお楽しみください。

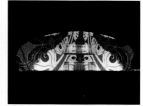

体験交流ホールの屋外壁面に映し出されたプロジェクションマッピング

 サキドリ　上映時間は15分。開園時間が20時までの営業日に上映されます。詳細はウポポイ公式ウェブサイト（P15にQRコードあり）でご確認ください。

[コラム❶]…伝統芸能の復興と伝承を目指す

　ウポポイ（民族共生象徴空間）では、鶴を模した踊りや弓を使った踊りなど、さまざまな伝統芸能を見ることができます。

　アイヌの伝統芸能やアイヌ古式舞踊と呼ばれる芸能は、先人が暮らしや儀礼の中で受け継いできたもので、重要無形民俗文化財の指定（1984年、94年）を受けています。北海道の17地域には保護団体があり、各地域に特色ある伝統芸能が伝承されてきました。

　その後、ユネスコ無形文化遺産の登録（2009年）を契機として実施されてきたイベントによって、音声や映像に残されている演目にも注目が集まりました。そのような記録資料の多くは、世界各地の博物館や研究室などに残されています。しかし、伝承者や地域の方々はそれらにアクセスできる機会が限られています。ウポポイで働く私たちにできることは、記録資料にみる演目の復元や各地域の伝承者に指導していただき、伝承演目を受け継いでいくことです。多様な伝統芸能を多くの方々と共有したいと考えています。

　公園内には、ウエカリ チセ（体験交流ホール）いう伝統芸能の披露を目的とした施設があります。ここでは伝承者から受け継いだ演目や記録資料から復元した演目を紹介しています。プログラムのひとつである伝統芸能上演「シノッ」は、北海道各地の映像を背景にさまざまな伝統芸能を紹介する構成です。

　かつてのように暮らしの中で受け継いでいくことが難しい時代において、各地域の方々から受け継いだ演目や記録資料から復元をした演目、これらの紹介を通して、積み重ねた成果が次世代につながっています。現代の伝承方法は日々かたちを変えています。

（文・オンネレク［山道ヒビキ］＝民族共生象徴空間運営本部文化振興部伝統芸能課主任）

国立民族共生公園

ウポポイ開業当初の舞踊チーム

伝統芸能上演「シノッ」

031

西
エリア

体験学習館

楽器を触って、調理体験して! アイヌ文化を五感で楽しむ

体験学習館の外観

西エリアを奥へ進むと見えてくる体験学習館は、楽器や食文化の体験ができる学びの施設です。団体も利用できる教室や調理室を備えています。平日は、主に修学旅行団体の利用が多いのですが、土日祝、夏休みなどの長期休暇には一般来場者向けプログラムを行っています。

アイヌの伝統楽器ムックリやトンコリに触れて、音色を楽しむプログラムに参加してみましょう。また、四季折々の食材を使ったさまざまなアイヌ料理の調理体験もできます。手軽に参加できるポントキッチンと、じっくり時間をかけて調理するポロトキッチン (＊事前予約制) の二つの食体験プログラムがあります。

修学旅行でのムックリ演奏体験の様子

トンコリの演奏方法をやさしく解説

VR 映像体験
カムイ アイズ
カムイ（神）たちの視点で体感

VR ゴーグル

ゴーグルから見える映像

さまざまなものに姿を変えてアイヌモシㇼ（人間の世界）にやってくるカムイたち。

人間に幸を与えることで、感謝され、尊敬されます。カムイ アイズで、オオワシやキツネのカムイの視点から見る大自然を迫力あるパノラマ映像で探検してみましょう。

所要時間は 10 分程度。

アイヌの食文化を学びながら楽しくクッキング

ポロトキッチンでの調理風景

ポントキッチンで作ったシト（団子）

ポロトキッチンでは4品ほどの料理を作ります。ユクオハウ（シカの汁物）

プクサラタシケㇷ゚（ギョウジャニンニクのまぜ煮）

サキドリ 調理体験
平日　ポントキッチン　随時会場受け付け
土日祝　ポロトキッチン　事前予約制

楽器体験
土日祝など　「楽器演奏鑑賞」15 分前会場受け付け（先着順）、「はじめてのムックリ」「はじめてのトンコリ」は随時会場受け付け

＊各プログラムには定員があります。

＊開催日時（臨時開催含む）の詳細は、ウポポイ公式ウェブサイト（P15 に QR コードあり）でご確認ください。

楽器演奏鑑賞

伝統楽器ムックリ(口琴)とトンコリ(弦楽器)の音色を楽しむ

小さな弁の音を口の中で共鳴させる楽器ムックリ。暮らしの中で聞こえる音や自然の音、その時々の自身の感情などを表現します。振動させる弁の部分を口に当てて、舌や喉の動き、呼吸を使い、引くひものリズムなどで豊かな音色が生まれます。

トンコリは樺太(サハリン)や北海道北部で使われてきた弦楽器で、その形は人間を表していると言われています。曲は自然の音や動物の動き、鳴き声を表し、子どもを寝かしつける時の子守唄のように、また歌や踊りの伴奏としてなど、生活のあらゆるシーンで演奏されてきました。

体験交流ホールや伝統的コタンなど、ウポポイの園内で登場する代表的な楽器の音色を体験してみましょう。

国立民族共生公園

演奏する竹製のムックリ。
長さ18cm ×幅1.8cm

楽器演奏鑑賞で音色を楽しむ

サキドリ 鑑賞約15分　定員60人　無料
15分前から会場で受け付け
臨時を含め、開催日時の詳細はウポポイ公式ウェブサイト(P15にQRコードあり)でご確認ください。

演奏体験に使用するトンコリ。
長さ104cm ×幅9cm

楽器演奏体験
はじめてのムックリ

　ムックリは世界に分布する「口琴」と呼ばれる楽器の一つで、主に竹や鉄で作られます。このプログラムでは、竹製のムックリを使って演奏を体験します。ムックリの仕組みや演奏方法などの基本的なレクチャーの後、実際に口の中で弁を振動させて、音の変え方など演奏のコツを学びます。

所要時間 10 〜 15 分
小学生以上（小学生は保護者の付き添いが必要です）
体験料金 1,000 円（ムックリ代金含む）
※ムックリ持参の場合は無料
随時会場で予約受け付け
臨時を含め、開催日時の詳細はウポポイ公式ウェブサイトでご確認ください。

弁を口の中で振動させて音を出す

ムックリの演奏方法を学ぶ

ムックリの持ち方

楽器演奏体験
はじめてのトンコリ

　トンコリはマツなどの木をくり抜いて作られ、弦にはクジラやシカの腱や植物繊維などが使われましたが、現在は絹糸が多く使われます。現存するトンコリは 3 〜 6 弦のものがありますが、この体験では 5 弦のものを演奏します。トンコリを胸に抱えて、手のひらで押さえるようにして構え、開放弦で両手の指を使って爪弾いたり、かき鳴らすなどして演奏します。楽器から伝わる響きを体感してみましょう。

トンコリを胸に抱えて演奏

音の高さの違う 5 本の弦を両手の指で爪弾く

体験約 40 分　定員 10 人　無料　小学 4 年生以上（小学生は保護者の付き添いが必要です）
随時会場で予約受け付け
臨時を含め、開催日時の詳細はウポポイ公式ウェブサイトでご確認ください。

国立民族共生公園

調理体験

選べる二つの体験で食文化を学ぶ

アイヌ民族は季節ごとに旬の食材を使い、さまざまな料理を作ります。体験プログラムでは、魚や肉、山菜など伝統的に使われてきた食材の利用方法や保存方法をはじめ、アイヌ語の呼び名などを解説します。アイヌ民族の食文化を知る貴重な体験となるでしょう。

「ポロトキッチン」では4品ほどの料理を2時間半かけて調理し食べることができます。定番のメニューは、四季折々の食材を煮込んだボリューム満点なオハウと呼ばれるスープ。「ポントキッチン」では30分ほどの調理で、団子などの軽食を作ります。

スタッフが楽しく会話しながら調理のサポートをします。料理の苦手な方やお子さまも安心して参加できます。

ウトゥラノ スケアン ロー！
一緒に料理しましょう

イペアン ロー！
食事しましょう

ウポポイのPRキャラクター・トゥレッぽんと春の山菜フキノトウ

ジャガイモを冬の間、屋外に置いて保存食のペネイモをつくる

冬の風物詩、サッチェプ（干し魚）

サキドリ

「ポントキッチン」は平日のみ。随時、会場で受け付け。
「ポロトキッチン」は事前予約制、土日祝10：30〜13：00、参加費1人1,500円※事前予約必須
予約は以下の情報とともに、2日前の午前0時までにメールで申し込みください。
1. 参加者全員の氏名
2. 参加人数（大人と子どもの人数）
3. 連絡先（電話番号、住所）
4. アレルギーの有無
upopoy-sukeanro@ff-ainu.or.jp
※プログラムの開催日時や定員など変更になる場合あり。詳しくはウポポイ公式ウェブサイト（P15にQRコードあり）参照を。

ポロトキッチン

定番メニューのオハウは、旬の山菜やサケ、シカなどの具材と野菜を煮込み、塩と油で味付けしたスープです。オハウのほかサヨ（おかゆ）など4品ほどを調理します。

メールでの事前予約が必要です。申し込み方法は左の**サキドリ**をご覧ください。

チェプオハウ（サケと野菜を煮込んだ汁もの）　　プクサラタシケプ（ギョウジャニンニクのまぜ煮）

調理室の壁には動物や食材のアイヌ
語名がたくさん貼ってあります

ある日のメニュー
- **ポネオハウ**
　豚の骨と野菜を煮込んだスープ
- **イルプサヨ**
　でんぷんを入れたおかゆ
- **プクサラタシケプ**
　ギョウジャニンニクのまぜ煮
- **マウの蒸しパン**
　ハマナスの実の蒸しパン
季節によって調理メニューは変わります。

ポネオハウの材料と作り方
●材料
ポネ（骨）、タイコン（大根）、フレアタネ（ニンジン）、エモ（ジャガイモ）、シクトゥッ（ネギ）、セタコロコニ（ゴボウ）、シッポ（塩）
●作り方
❶ポネをしっかり煮込む
❷タイコン、フレアタネ、セタコロコニを食べやすい大きさに切って①に入れ煮る
❸②が煮えたらエモを入れる
❹シッポで味を調える
❺シクトゥッを入れて完成

この日は4品が完成

鍋でオハウとラタシケプを煮る

食材や調理具、手順などを丁寧に解説

エモの皮をむく

この日のオハウは帯広の伝承者に教えていただいたレシピを参考に

ポロトキッチンでは季節によって食材を替え、いろいろなメニューを用意しています。現代に合わせた調味料や食材も取り入れて、家庭でも再現できるアレンジレシピなどもあります。季節を替え訪れるなど、何度来ても楽しめる調理体験となっています。

スタッフの皆さんに積極的に話しかけてみませんか。地域によって使う食材の違いや調理方法の違いなど、ワンポイント解説が聞けるかも。スタッフのポンレ（アイヌ語のニックネーム）に合わせて、参加者もアイヌ語の動物名を選んでポンレにします。名前を呼び合って会話も楽しみましょう。アイヌの食文化を身近に感じられる時間になりそうです。

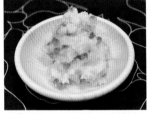

チポロラタシケプ（すじこのまぜ物）

生のキンキを昆布、長ネギと一緒に細かく刻んだチタタプ（たたき）

ポントキッチン

シト（団子）をこねたり、ゆでたり、焼いたりと30分程度の短い時間でアイヌの食文化体験ができる「ポントキッチン」。各地で伝承されてきたシトのつけダレは昆布やクルミなどさまざまな味が楽しめます。シトはカムイノミ（神への祈り）や先祖供養などの供物としても作られることから、食が精神文化などのさまざまなお話とつながることが理解できます。平日のみの開催ですが、気軽に参加できます。

ペネイモとエント（ナギナタコウジュ）のお茶

マウニ（ハマナス） 実をご飯に混ぜて炊いたり、お茶にした

食材いろいろ

春から夏にかけて、フキノトウやニリンソウ、ギョウジャニンニク、オオウバユリなどの山菜。秋にはハマナスやコクワ、サルナシ、クルミやキハダなどの木の実にキノコ。冬にはイタヤカエデやシラカバの樹液。

畑ではアワやヒエ、キビ、カブ、ジャガイモなどの野菜。山や川、海ではサケやマス、エゾシカ、アザラシ、カジキマグロ、クジラなどさまざまな食材を、乾燥や燻製（くんせい）にして保存しました。

サッチェプ（干し魚）保存食の中でも代表格

ムンチロ（アワ） ご飯に炊いたり、シトやお酒の材料にも

[コラム❷]… スケアン ロー 調理体験ポロトキッチン

ウポポイの「ヤイハノッカラ チセ」（体験学習館）では、季節ごとにさまざまなアイヌ料理を調理体験できるプログラムを行っています。

アイヌ民族は狩猟や漁労、採集を中心に、農耕や交易によって食べ物を確保していました。食べ物があまりとれない季節や飢饉に備え、保存食を準備することは生きる上でとても重要な仕事の一つでした。

春にはギョウジャニンニクやニリンソウなどの山菜を乾燥させたり、オオウバユリの鱗茎をたたいてでんぷんを採取、加工をしたりします。秋にはサケを大量に捕って干したサッチェプ、冬にはジャガイモを凍らせてつくる「ペネイモ」という保存食もあります。これらはほんの一例で、自然からとれるいろいろな食材を使った料理があります。

また、地域によってとれる食材が異なったり、同じ料理でも名称が違ったり、料理を作る人の好みやこだわりによっても違いがあって、そういった相違点も地域や家庭ごとに伝承されてきた味です。

私は、ここウポポイで働いてから初めてアイヌ文化に触れたので、サケをさばいたり、季節ごとに山菜や木の実を採ったり、オハウ（汁もの）などの料理をつくったりと、これらの体験全てが新鮮でした。一つ一つの仕事を経験しながら、大切にアイヌの食文化を受け継いでいきたいと思います。

調理体験プログラム「ポロトキッチン」では、日々私たちが作っている保存食を活用した料理や、旬の食材を使った料理などを味わいながら、アイヌ文化に興味を持っていただければと思います。

（文・アラワナトゥイ［堀七海］＝民族共生象徴空間運営本部文化振興部体験教育課主事）

調理体験「ポロトキッチン」で提供されるアイヌ料理。中央はチェプオハウ（サケの汁物）

イカラ ウシ

工房

刺しゅうや木彫など、アイヌ工芸の技を体感

手仕事の魅力を紹介するイカラウシ（工房）

国立民族共生公園

　入場ゲートを入って右手、広々とした芝生のチキサニ広場を過ぎると手前に見えるのが工房です。施設内ではアイヌ文様を存分に表現した衣服や木彫品などのものづくりを間近に観察したり、手仕事をする実演者に質問するなど会話を楽しむことができます。

　工房では実際に針や彫刻刀を使って、刺しゅうや木彫の製作体験ができます。スタッフの解説により、アイヌ文様や技法の一端に触れることで、より深くアイヌ工芸の魅力を知るきっかけになるでしょう。自分が作ったオンリーワンの作品を、旅の思い出に持ち帰るのもすてきですね。

入り口では大きな木彫りの熊がお出迎え

工房内でのものづくりの様子を間近に見学

印刀を傾け、親指で刃を押しながら彫り進める

晴れ着の製作。色布を使ってアイヌ文様が施される

サケ皮製の靴「チェプケレ」

「これ何？」。道具の仕組みを
分かりやすく解説

家族で刺しゅう
体験。「楽しく
できたかな？」

一針一針丁寧に

工房入り口前に展示している「イタオマチプ（板綴舟）」

サキ ドリ ゲスト工芸家の実演として、北海道アイヌ
協会認定の優秀工芸師など各地で活躍
する工芸家を定期的に招き、匠の技を紹介して
もらいます。詳しくはウポポイ公式ウェブサイト
（P15にQRコードあり）をチェック。

ものづくり見学

受け継がれるアイヌ工芸。素材、文様、機能性に優れた道具づくり

アイヌ工芸の魅力は何といっても自然素材を活かしたものづくりです。オヒョウなどの樹皮繊維を独特の腰機（こしばた）で織り上げるアットゥシや、刺しゅうや色布を使って美しい文様が施される晴れ着、サケ皮やシカの毛皮でつくる防寒用の衣服や靴、狩猟用の弓矢や銛（もり）、罠（わな）から、カムイノミ（神への祈り）に欠かせないイクパスイ（捧酒箸）、幾何学的な文様が編みこまれるガマ製の

チタラペ（ござ）、大きいものでは臼や丸木舟など、日常の道具から儀礼に使う祭具まで自製してきました。素材となる植物、動物の特性を知ることで最適な採取時期や猟期、使用部位を見極めます。ものづくりの基本は、素材を吟味し、いかに丁寧に無駄なく、美しく、心を込めてつくるか。その思いと技術は今も途切れることなく受け継がれています。

9月、ござの材料となるガマの葉を乾燥

強靭（きょうじん）な弓の弦にも使われるツルウメモドキの内皮を雪上にさらし漂白

メノコ カラ ペ（女性のつくるもの）／ オッカイ カラ ペ（男性のつくるもの）

　アイヌの物語には、人間であっても位の高いカムイ（神）であっても、男は彫刻、女は刺しゅうなどの縫いものをする様子が多く語られます。かつてのアイヌ社会においても、物語と同じように、彫りものは男の仕事、縫いもの・編み物は女の仕事として小さい頃からその技術の習得に努めてきました。形あるものに魂が宿ると考えるアイヌの精神世界においても、丁寧に真心を込めてつくられる「もの」には良い魂が宿るとされてきました。

樹皮や木綿製の衣服などに施された美しい文様が際立つ晴れ着の数々とアットゥシ織の技術伝承

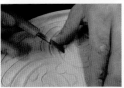

刃先や針の動きはモニターで見ることができる

薄皮状に剝がれるオヒョウの内皮を流水で洗い、ぬめりを取り除く

経糸（たて）を上下させながら緯糸（よこ）をヘラで打ち込みアットゥシを織る

テープ状の色布を折り曲げながらさまざまな形の文様が縫い込まれる

幾何学文様が編みこまれたエムシアッ

エムシアッ（刀掛け帯）を編む

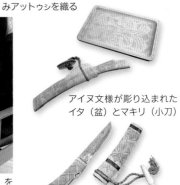

アイヌ文様が彫り込まれたイタ（盆）とマキリ（小刀）

マキリ。鞘（さや）には美しい彫り文様が施され、サクラ皮が巻かれる

043

イカラカラアンロ
刺しゅう体験

選んだアイテムにアイヌ文様を刺しゅう

刺しゅう体験は、無料でできるコースターと有料のあずま袋、プチフレーム、マスクがあります。どれも好きな色の布や糸を選んで、チェーンステッチでアイヌ文様を刺しゅうしていきます。図案をなぞって、一針一針進めましょう。優しいスタッフのサポートがあるので、初心者でも楽しく体験できます。

刺しゅうの手順やアイヌ文様について、モニターを使って説明

 定員16人。随時会場で開始5分前まで予約を受け付け。予約時に製作するアイテムを選択してください。体験時間は60分。

刺しゅう体験で作るコースターやあずま袋

イヌイエアンロ
木彫体験

彫刻刀を使いオンリーワンの木工品を作る

木彫体験は、スマホスタンドやコースターなどにアイヌ文様を彫ります。経験豊富なスタッフが、彫刻刀の使い方から分かりやすく教えます。スジ彫りという技法を使って、アイヌ文様の図案に沿って直線や曲線を彫っていきます。ゆっくり慎重に、刃を進めていきましょう。刀を入れる方向など、迷ったらスタッフに気軽に声をかけてください。優しくアドバイスしてくれます。

スジ彫りなどの彫刻のコツを優しくアドバイス

スマホスタンド

 定員8人。随時会場で開始5分前まで予約を受け付け。体験時間は60分。

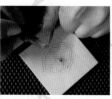

アイヌ文様の下描きをなぞるように彫刻する

使う彫刻刀は1種類。ゆっくり刃を進めていきます

[コラム❸]…受け継ぐ技

公園施設の一つのイカゥ ウシ（工房）では木彫や刺しゅう、織物などの展示、実演見学、製作体験などを通してアイヌの手仕事に触れることができます。

アイヌは、親の手仕事を見て学び、日常の中で手仕事に必要な感性や技術を受け継いできましたが、江戸時代後半から広まった「場所請負制度」により、各漁場の労働者として酷使され、文化の伝承どころか生活することも厳しい状況となりました。その時の凄惨な状況を1845年から6度にわたり、北海道を踏査した松浦武四郎（1818〜88年）は日誌に記しています。

文化を伝えることが困難になりながらも、先人たちは「製品」という形で文化を伝えてくれました。この時代の交易品には、それ以前の干鮭や干ナマコ、獣皮に加えて「細工物」が加わるようになり、

役人に献上した品物目録には匙や筆立て、糸巻、盆、茶托、花ゴザなどが記載されています。漁場労働の傍らで作り伝えてくれた木彫品が現在の工芸品の一つとなっています。

ウポポイの職員も先人たちから学び、資料から学び、さまざまなものづくりに挑戦しています。資料は技術以外にも多くのことを読み取ることができます。写真のマキリ（小刀）も見た目の美しさだけではなく、機能性も兼ね備えたデザインとなっており、作り手が使い手のことを思って作ったことが分かります。これからも少しでも多くの技術や思いを受け取り、人から人へ伝えることができる環境を目指します。

（文・ムカラ［山道陽輪］＝民族共生象徴空間運営本部文化振興部体験教育課主任、写真も）

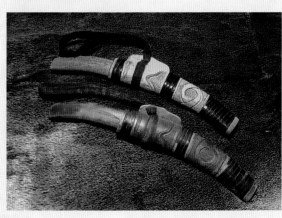

マキリ（小刀）。上が筆者が複製したもの、下は手本にした資料

テエタ カネ アン コタン

伝統的コタン

並ぶかやぶきのチセ 日々の暮らしや文化紹介

水辺のチプ（丸木舟）と伝統的コタン

国立民族共生公園

　アイヌ民族の伝統的な生活空間を体感できるのが伝統的コタンです。コタンとは、村や集落を意味するアイヌ語です。ポロト湖のほとりのコタンを眺めながら、いにしえから続く日常に思いを巡らせるのも、ウポポイならではの時間の過ごし方です。

　コタンの中心は、かやぶきの家屋を再現した大小5棟のチセ（家屋）です。ポロ チセ（大きい家）の内部は自由に見学することができ、四季折々の暮らしや文化について知ることができるプログラムが用意されています。例えばユカㇻ（英雄叙事詩）などの口承文芸やアイヌ語の紹介、植物の利用法、チプ（丸木舟）の実演など、どのプログラムも短時間で体験できます。時間の許す限り巡ってみるのもお薦めです。

チセの東側に設けられたカムイをまつるヌササン（祭壇）

屋外ステージでは歌や踊りも紹介

仕掛け弓の解説

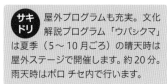

ポロト湖のほとりに並ぶ5棟のチセ

サキドリ 屋外プログラムも充実。文化解説プログラム「ウパシクマ」は夏季（5〜10月ごろ）の晴天時は屋外ステージで開催します。約20分。雨天時はポロ チセ内で行います。

プログラムが行われていない時間帯は、ポロ チセの内部を自由に見学することができる

チセ（家屋）

いろりの優しいぬくもりに癒される

　ポロト湖のほとりには、5棟のかやぶきチセが再現されています。中でも一番大きなチセをポロ チセと呼び、多くの来場者を歓迎するための立派な建物です。その他、シノッ チセとポン チセがあります。チセの周りにはトイ（畑）のほかヌササン（祭壇）やプ（食糧庫）、へぺレセッ（仔グマのおり）、魚や肉を乾燥させるクマ（竿）などが立っています。

　チセの屋根や壁の材料として使われているのが、ヨシやススキといった湿地に多く生える植物。地域によってはササや樹皮などを用いて作られました。骨組みには丈夫で腐りにくいハシドイやミズナラ、ヤチダモなどの木材が使われています。材料は地域によって違いがありますが、材料の採取から家を建てるまで、コタンの人々が協力して行いました。

雪景色のコタンの風景

サキドリ 雨天、荒天時は屋外ステージの使用や屋外プログラムを中止する場合があります。

高床のプ（食糧庫、右手）やへぺレセッ（仔グマのおり）なども再現されている

チセの内部に
入ってみる

室内は長方形の一間です。最初に注目したいのが、いろりです。1年中火がたかれ、暖を取ったり、煮炊きをしたり、物語を聞かせたり、日常のさまざまなシーンで人々が集まる場所であるとともに、カムイノミ（神への祈り）を行う神聖な場所で、火の神の寝床でもあると考えられています。正面の奥の窓は、カムイ（神）が出入りする窓。上座には宝物置き場があり、儀礼に使われる漆器や儀礼刀などが飾られています。

チセではいろりを囲み、暮らしの中で語り継がれてきた物語やアイヌ語の学習プログラム、親子で楽しむ紙芝居などいくつものプログラムが用意されています。優しく燃える火を見つめながら、心に残る体験ができます。

ポロ チセの内部

漆器や儀礼刀が飾られる宝物置き場

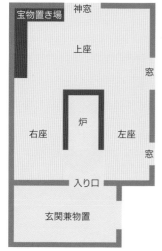

チセの内部図

いろりは今も昔も人々が集まる場所

サキドリ ポロ チセは各地域の伝承者を招いた特別プログラムを開催することもあるので、ウポポイ公式ウェブサイト（P15 に QR コードあり）を要チェック。

コタンの暮らし

コタンを歩き、暮らしのいろいろを体感

　長い歴史の中で培われた伝統文化が今も確実に伝承される、ここウポポイ。伝統的コタンではチセ（家屋）を中心に、暮らしのいろいろを体感することができます。

　いろりを前にして語られる物語やアイヌ語を学べるビンゴゲームなど、チセの中で行われるプログラムが多数あります。開放感ある屋外では、四季折々の植物の紹介や弓矢を使った遊びなど、間近で観察したり体験したりできます。当時の生活を想像しながら巡ってみましょう。

　スタッフは、それぞれが持つポンレ（アイヌ語のニックネーム）で自己紹介をしてプログラムをスタートします。プログラムの終わりには一緒に写真を撮ったり、質問したりして、アイヌ文化をより身近に感じる旅の1コマになりそうです。

伝統衣装も紹介

童心に帰って弓矢遊び

口承により暮らしに必要なさまざまなことを伝承してきた

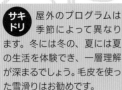

サキドリ 屋外のプログラムは季節によって異なります。冬には冬の、夏には夏の生活を体験でき、一層理解が深まるでしょう。毛皮を使った雪滑りはお勧めです。

国立民族共生公園

ウパシクマ

文化解説プログラム

今に息づく伝統文化　響き渡るムックリの音色

ウパシクマとは、語り伝えること。屋外の広々とした空間で踊りを披露

国立民族共生公園

　夏季（5〜10月）の晴天時、屋外ステージで開催するプログラムです。ポロト湖をバックに、吹く風に乗って届くムックリの音色や歌声に聴き入ってみませんか。伝統文化の解説や伝統舞踊を紹介します。

　山や海、川での狩猟や漁労、山菜や木の実の採集、畑ではアワやヒエをつくるなど、四季を通して自然の恵みを受けながら生活してきました。自然から得た魚や毛皮など

の産物は交易品としても使われました。暮らしに欠くことのできない衣食住や精神世界にみるカムイ（神）との関わりについての解説、子守唄や遊び歌、楽器の演奏など、暮らしの中で育まれてきた歌や踊りといったアイヌの芸能についても紹介します。チセやポロト湖を背景に、伝統衣装を身に着けている姿をカメラに収めてみるのもすてきですね。

アマッポ（仕掛け弓）の実演と解説

伝統芸能の紹介

 サキドリ 冬季（11月〜4月）や悪天時はポロチセ内で開催します。定員は42人。

口承文芸実演

いろりを囲んで、伝承された物語に耳を傾ける

アイヌ民族が育んできた文化の一つに口承文芸があります。情景描写が細かく表現されている口承文芸は、娯楽や教育として口伝えに語られてきました。

その中には超人的な力を持つ主人公の体験を語るものや、カムイや人間の視点から見た世界を語るものなどがあります。

アイヌ民族が物語や歌と親しんできた炉端の空間を再現し、火の明かりに包まれながら口承文芸を楽しむことで、より一層その魅力を感じられます。

声の迫力、感情表現など語り部一人一人の個性が際立つアイヌの物語世界を堪能できる実演は、格別な体験になるでしょう。

国立民族共生公園

照明が落とされ、火のぬくもりが辺りを包み、物語が始まる

約15分、いろり越しに熱演する。レプニ（拍子木）で炉縁をたたき拍子を取る

サキドリ 実演15分。演出上、途中入場や退場はできません。定員42人。

いずれの開催回も観客が集まる人気のプログラム。各地で伝えられている物語を、個性豊かに表現する

丸木舟実演・解説

湖に浮かぶチプの役割、操船方法を知る

ウポポイのスタッフが製作した、湖に浮かぶチプ

かつてコタン（集落）の多くは、川筋や海岸近くにありました。チプ（丸木舟）は川や湖、沼など水上での主な交通手段であり、物品の運搬などに利用しました。もちろん漁にも欠かせないものです。

ウポポイにあるチプは、北海道富良野市の東京大学北海道演習林にあった樹齢約280年のハリギリを使って、2019年にスタッフが2カ月掛けて製作したものです。チプは手作業で作られ、手彫りのノミの跡が見て取れます。実際にチプにスタッフが乗り込み、ポロト湖にこぎ出し櫂（かい）や棹（さお）を操りながら実演します。

川の利用やチプの役割、操船方法などを分かりやすく解説します。

岸からこぎ出し、操船方法などを実演

 サキドリ 5～9月ごろまで開催。強風時や安全が確保できない場合は中止します。

手で彫った跡が分かる

手おのを使ってチプを彫り進める

053

弓矢体験

遊びの矢で的を狙う

弓矢の持ち方や腕の位置などを解説

国立民族共生公園

　北海道にはエゾシカ、ヒグマ、アザラシやマス、サケなど豊富な天然の資源があります。それらは食糧となり、衣服や靴などの素材にもしました。獲物の種類によって、弓矢や罠（わな）、銛（もり）や網など数多くの道具を使いました。

　子どもたちは狩りや漁のまねごとをして遊び、弓矢など道具の使い方を覚えました。貝殻や植物のツルでつくった輪を枝にぶら下げて、動く的に矢を当てる練習をすることで、実際の獲物を射止める動体視力を養うトレーニングにもなりました。

　先の尖っていない遊びの矢を使って、ヒグマやエゾシカを模した的を射（とが）ってみましょう。矢を引く加減で、飛んだり飛ばなかったり、的に当たれば、歓声を上げて大喜び。大人も子どもも楽しく体験できます。

真剣に弓矢を構え、的を目掛けて全集中！

的の前には貝殻がぶら下がっている

 サキドリ 強風など安全が確保できない場合は中止します。1人5分程度。

ウポポイの植物

かつての暮らしを想起させる郷土種200種類

ウポポイでは、かつての暮らしを想起させる郷土種200種類ほどを見ることができます。

フィールドではアイヌ文化への理解を深められる仕組みとして「サㇻ（ヨシ原）」「タクッペ（谷地坊主）」「ポロト（大きな沼）」など、植物群や特徴のある場所に名前を付けています。看板では地名や植物利用について説明しています。

また、オヒョウやササ類、テンキグサなど樹木や野草を栽培する取り組みも行っており、文化伝承のための活用やかつての暮らしの環境を再現することも目指しています。

■植物と暮らしを紹介

草木の見本園にはおよそ100種類の草花があり、アイヌ語名や利用法を紹介する看板をつけています。

また、園内では季節により樹木を回りながら名前の由来や、採取や処理の方法、樹木に関わりのある歌や物語を紹介するプログラムを実施することがあります。春には強い臭いで魔を寄せつけないというキタコブシの香りを嗅いでもらったり、初夏には処理のために水に浸けられたオヒョウの樹皮や干している繊維を見てもらったりしながら、暮らしとのつながりを説明します。

樹木を観察しながらその利用について学ぶ

草木の見本園。オオウバユリやナギナタコウジュ、ギョウジャニンニクなどの植物を見ることができる

ガマの植栽地

トドマツの枝でふいたクチャ（狩り小屋）

サキドリ 植物を楽しむには足元の草に素肌が触れず、気温や天候に対応できる服装で。

[コラム❹]…伝統的コタンの「チセ」

ウポポイ内にある伝統的コタンの「チセ」について紹介します。

チセとはアイヌ語で家を意味し、同じコタン（集落）では構造に大きな違いはなかったと言われています。基本的に長方形の寄棟造りで、柱を直接土中に埋め込む掘立柱住居です。ほかにも樺太や千島には冬用の住居として半地下式の掘り込みに柱を立て屋根を組み、土で覆った住居がありました。

ウポポイには現在5棟のチセがありますが、そのうちの3棟は旧アイヌ民族博物館で復元されていたチセを参考に、耐震や防火設備のある現代の建築技術を用い建てたもの、残る2棟はウポポイ職員が伝統的な建築技法の継承を目的として地域産材を使用し作ったチセです。

私たちウポポイ職員はチセを建てることで、その構造や伝統的な建築技法、素材の特徴から地域の自然環境、建築に伴う儀礼から自然とのかかわりを学び、後世へ伝承する活動を実施しています。またチセを通してアイヌ文化への興味、関心を持っていただき、白老だけではなく阿寒、旭川、札幌、平取などのチセに足を運んで、形や素材などの地域差を比較していただきたいと思います。

伝統的コタンのチセでは、内部見学をはじめ、アイヌ文化解説や手工芸、口承文芸、紙芝居、アイヌ語、舞踊、楽器演奏などを実施し、年間を通して伝統的な暮らしぶり、世界観、自然観などを楽しく学べるプログラムを実施しています。

（文・ピロマ［茂木涼真］＝民族共生象徴空間運営本部文化振興部体験教育課主事、写真も）

現代工法で建てられたチセ内観

現代工法で建てられたチセ外観

[コラム❺]…アクシノッ ～遊びを通して磨いた腕

ウポポイ（民族共生象徴空間）の国立民族共生公園では、弓矢体験「アクシノッ」が行われています。

弓矢体験「イラマンテ」という名前で冬季限定で行われていた特別プログラムでしたが、好評により、弓矢の体験をメインとした常設プログラムとしました。

そもそもイラマンテとは、山でも海でも狩猟（または漁）をするといった、生きる糧を得るために動物を狩る活動のことを指し、弓矢を使った猟のことだけを呼ぶわけではありません。このため、アクシノッという弓矢遊びを意味する名称にしています。

昔は、山で行う狩猟をエキムネやキモイラマンテ、キモイキと呼び、海で行う漁をレパと呼んでいました。場所や獲物によって細かく使い分けていたのです。

弓矢体験「アクシノッ」は、シカやヒグマをかたどったオブジェやホタテの貝殻に矢を当てる体験です。かつてアイヌは大人になっていきなり狩りに行くのではなく、幼少期より遊びを通して弓矢の腕を磨いていたということも解説をしています。

体験者は弓矢を手にしたことがない人が大半で、「弓矢ってこんなに難しいのか」「難しくて全然当たらない」といった感想も聞かれます。その分、当たった時の喜びは大きく、矢が貝殻に当たってカーンという音が周囲に響くと、本人だけでなく周りの参加者も一緒になって拍手をしながら歓声を上げて喜んでくれるなど、とても楽しんで体験していただいています。

ウポポイでは、ほかにも仕掛け弓の実演解説や国立アイヌ民族博物館の展示でもアイヌの狩猟について学ぶことができます。

（文・モレウコンレク［新谷裕也］＝民族共生象徴空間運営本部誘客広報部誘客課主任、写真も）

的に向かって真剣に弓矢を構える

アイヌ語学習プログラム

「イランカラㇷ゚テ」は正式なあいさつの言葉

イラストを通し、時代によってあいさつ言葉の使われ方が増えたことを分かりやすく解説（アイヌイタカリ アイェㇿ）

スタッフに続いて発音してみる（ピㇼカ！ ビンゴ アキㇿ）

サキドリ どちらのプログラムもシノッ チセで行い、開始10分前に開場します。定員は各20人。

何か一つアイヌ語を覚え、普段の生活でも使ってみませんか。イランカラㇷ゚テ（あいさつ言葉）、チセ（家屋）、コタン（集落）など、単語1個でも日常で使えたら、よりアイヌ文化が身近に感じられ、旅の思い出にもなることでしょう。スタッフの丁寧な解説により理解が深まります。

いろりを囲みアイヌ語の発音やアクセントを学ぶ（アイヌイタカリ アイェㇿ）

058

ピッカ! ビンゴ アキ ロ

　年齢を問わず楽しめるビンゴゲームを通して、アイヌ語を紹介します。ヒグマやエゾユキウサギ、首飾りや刀などをアイヌ語で何というか知っていますか? 生き物と数字のパターンや民具と数字のパターンなど、その時々でさまざまなアイヌ語を紹介しています。たくさんアイヌ語が登場しますが、まず覚えるのは一つでも大丈夫。大人から子どもまで誰でも参加が可能。ビンゴを通してアイヌ語を覚えてみましょう。

ビンゴカード

ゲームで楽しみながら
アイヌ語を覚える

登場する単語は園内で探すことが
できるもの

アイヌイタカリ アイェ ロ

日常でも使えるアイヌ語のフレーズを紹介します。カタカナの小さい「プ」の発音はどうするのか、「チセ」「コタン」は正しく発音できているかなど、アイヌ語の発音や

アクセントをイラストを使って教えてくれます。あいさつの言葉「イランカラプテ」の元々の使い方と新しい使い方の違いなど、興味深い解説もあります。日常で使えるアイヌ語がまた一つ増えそうです。

スタッフが丁寧にあいさつ言葉の方言について解説

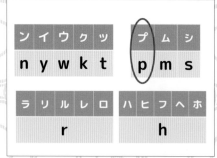

イラストや文字を使って分かりやすく解説

各地のあいさつ言葉

[コラム❻]…アイヌ語が飛び交う環境へ

イシオロレ。ピリカノ エチオカイル ヘ？（ごあいさつ致します。お元気ですか？）ニヌム アリ クレ アン（私の名前はニヌムです）アヌココロ ウアイヌコロ ミンタラ（国立民族共生公園）にある シノッ チセ（あそびの家）で、アイヌ語学習プログラム「アイヌイタカリ アイェロ」（アイヌ語で話しましょう）と「ピリカ！ ビンゴ アキ ロ」（ピリカ！ ビンゴをしましょう）を実施しています。

「アイヌイタカリ アイェロ」では日常でも使える一言を紹介しながら、アクセントや発音、地域によって方言があるということなどを説明しています。「ピリカ！ ビンゴ アキ ロ」は、ビンゴゲームを通しひとつでもアイヌ語を覚えてもらえるような内容になっています。どちらのプログラムもアイヌ語への興味、関心につなげ普段の生活にアイヌ語を取り入れてもらうことを目的としています。また、自宅に帰ってからも振り返り学習ができるように参加者全員にプレゼントも用意しています。小さなお子さまからご年配の方まで楽しんで頂けるプログラムです。

かつてのアイヌは生活の中で当たり前にアイヌ語が飛び交う環境で生活をしていましたが、それが困難となる時代を経て現在では自ら勉強しそれを日頃から使わなければ日本語同様にアイヌ語を使っていくことは大変難しいです。

先祖たちが語り残してきた言葉を記録だけで残すのではなく、再び普段の暮らしの中でアイヌ語が飛び交う環境が当たり前となるよう、そして次世代へ受け継いでいくためにも、アイヌ語学習プログラムに限らず私生活においてアイヌ語の復興と伝承をしていくことが現代を生きる私たちの役割だろうと考えます。

ウポポイ オレン シネウェ ワ ウンコレ ヤン（ウポポイへぜひお越しください）

（文・ニヌム［荒田このみ］＝民族共生象徴空間運営本部文化振興部体験教育課主任）

ウポポイ園内を歩き来場者にアイヌ語を紹介している様子

ポン劇場

紙芝居で昔の暮らしやアイヌ語を紹介

いろりを囲みリラックスした気分で、ウポポイで作られたオリジナル紙芝居を楽しみましょう。昔と今の暮らしや、動物の鳴き声クイズなど、アイヌ語とアイヌ文化に親しむ7種類のオリジナル作品が用意されています。

子どもも大人も、自然体で楽しく参加できます。

紙芝居の内容は
スタッフの手作りです

国立民族共生公園

················· お話は ·················

フンナ アン／だぁれ？
動物の鳴き声からその動物を当てましょう。クイズを楽しみながら、動物にまつわるアイヌ文化を知ることができます。

ネㇷﾟ エキヤ／なにしてる？
アイヌ語で怒ったり、ジャンプしたり、横になったり、動作を交えながら紹介します。一緒に体を動かしながらアイヌ語に触れてみましょう。

ヤイコシラムスイパ ハニ／かんがえてね
PRキャラクターのトゥレッぽんが、カムイ（神）とアイヌ民族の関わりや、今と昔の暮らしなどについて教えてくれます。

ウポポイではたらいているあるおかあさんのおはなし
ウポポイで働くスタッフの実体験を基に作られたお話。多様な民族やさまざまな立場の人がいて当たり前、人と人が認め合うといいねというお話です。

ふゆこフチのおはなし
伝承者であるフチ（おばあさん）が、幼い頃に体験したお話。暮らしの中のアイヌ文化を知り、今と昔の暮らしについて考えます。

チセ室内で行われる紙芝居。どのおはなしが演じられるかはお楽しみに

 サキドリ シノッ チセにて10分前に開場します。定員20人。上演15分。

[コラム❼]…紙芝居で伝えたいこと

「ポン劇場」は、カムイ（神）とアイヌ
のつながり、昔の暮らしや今の暮らしを
紙芝居で楽しく分かりやすく紹介している
ファミリー向けのプログラムです。

「ポン劇場」を企画・実施するに当たっ
て、大切にしているコンセプトは「アイヌ
文化を通して世界にはいろんな人がいて、
いろんな暮らしをしていることが当たり前
なんだ！」ということに気づいていただく
ことです。壮大なコンセプトに聞こえるか
もしれませんが、これを基に内容を検討
しています。

「ポン劇場」に参加された多くの方々に
は、伝え方・内容に満足していただいて
いると自負していますが、過去に視点が
向きがちで現在の姿が伝えきれていない
ようにも感じています。昔のことだけを伝

えるのではなく、子どもたちや大人に今
も日常的に関わっている文化であると説
得力を残すためにも、ある家庭の文化伝
承のあり方を紙芝居で見てもらうなど、
今はどうなのか、どう思っているのかを伝
えることがとても大切だと考えています。

「アイヌ文化」の今と昔を知ると、自分
たちが普段慣れ親しんでいる文化にも共
通性や独自性があることに気づけると思
います。そしてその気づきが「自分のこと
を認めてくれる」「誰かを認める」という
人の心の温かさにつながっていきます。
そういったことが「ポン劇場」紙芝居を
通して大人から子どもに伝わってほしいで
す。

（文・メトット［秋山里架］＝民族共生象徴空間運営
本部文化振興部体験教育課主査）

紙芝居の中では簡単なアイヌ語
や歌も聞くことができます。新
しいお話も仲間入りして紙芝居
のバリエーションも充実。見に
来てください

国立アイヌ民族博物館

悠久の歴史を有する文化に触れ、
すぐれた技、意匠、独自の世界観を学び
今を生きる人々の実像を知る

　常設の基本展示は「私たち」という切り口で、アイヌ民族の視点で語る構成です。
　「先住民族であるアイヌの尊厳を尊重し、国内外のアイヌの歴史・文化に関する正しい認識と理解を促進するとともに、新たな

アイヌ文化の創造及び発展に寄与する」という理念を掲げ、アイヌ文化の展示、調査研究、教育普及、人材育成、資料整備に取り組んでいます。

国立アイヌ民族博物館

延べ面積：約8,600㎡（1階：3,500㎡、2階：4,800㎡、3階：300㎡）
規模：地上3階
構造：鉄骨鉄筋コンクリート造一部鉄骨造

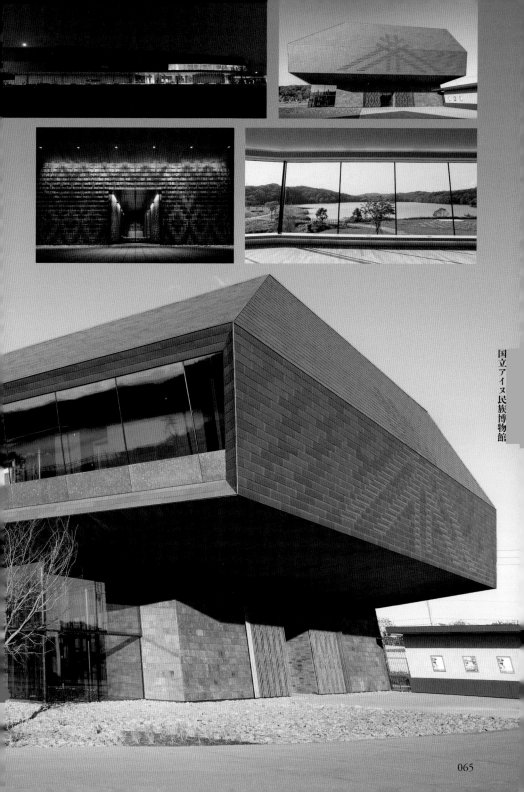

国立アイヌ民族博物館

エントランスロビー

映像と最新技術で誘う、アイヌの世界

正面エントランスを入ると総合案内が来訪客を迎え、壁面にはアイヌ語をはじめ多言語での館内案内が映像で表示されます。2階の展示室に向かう途中には、6面マルチモニターによる「アイヌ文化ゆかりの地ガイド」があり、アイヌ民族のこれまでの歩みや、現代のアイヌ文化に触れられる場所を紹介しています。館内には随所にアイヌ模様を図案化した意匠が施されています。エントランスの自動ドアの周囲に、アイヌの

ゴザ模様を図案化したものを金属板で表現。ロビーからエレベータールームに向かう入り口の自動ドアにはアイヌの衣服に使われる切り伏せと刺しゅうの模様を施し、同じものを総合案内背後の壁面に投影しています。また1、2階のトイレの洗面台の鏡にもアイヌ模様を図案化した意匠が見られます。これらはいずれも、アイヌの服飾や刺しゅうを数多く手がけてきた津田命子氏によるデザインです。

エントランスロビーの内観。随所にアイヌ模様をデザインした意匠が見られる

ロビーにはミュージアムショップも

国立アイヌ民族博物館の理念	国立アイヌ民族博物館は、先住民族であるアイヌの尊厳を尊重し、国内外にアイヌの歴史・文化等に関する正しい認識と理解を促進するとともに、新たなアイヌ文化の創造及び発展に寄与する。

カンピソシ ヌカラ トゥンプ

ライブラリ

アイヌ文化や歴史を取り上げた書籍を中心に収集し、「開かれた専門図書室」として来館者が自由に利用できます。展示や体験プログラムで興味を持ったことを、本によって深めてみてください。 アイヌ文化に興味を持った人が次に手に取りたいと思える本をはじめ、専門的な学術書、世界の先住民族についての本、絵本や写真集、図鑑など、幅広い世代に向けた本を用意しています。

閲覧はライブラリ内でのみ可で、コピー（有料）もできます。なお、ライブラリ内は撮影禁止で、貸し出しは行っていません。

開室時間：9時〜17時
開架：22席
収蔵する書籍：約28,000冊

コインロッカー

トイレ内の津田命子氏デザインのアイヌ模様（男女とも）

交流室

来館者とスタッフ、集い交わる場

交流室は、来館者と博物館スタッフが交流を行う場所、また博物館内でさまざまな来館者同士が交流する場所として設けられました。1階にあり、座席数は最大169人。一般来館者向けの教育普及事業として、トークイベント、講演会、シンポジウムやワークショップといったイベントを開催するほか、学校団体向けの教育普及事業として「はじめてのアイヌ博」を行うなど、多目的に利用するためのスペースです。また、およそ3分の1のスペースを可動壁で区切って二つの部屋として利用することもできます。

広さ：274.4㎡（交流室A：186.2㎡、交流室B：88.2㎡）

交流室での過去のプログラム

1 | 言語学者になってみよう= 2022年8月

第4回特別展示「CHIRI MASHIHO 知里真志保—アイヌ語研究にかけた熱意—」に関連し開催した夏休みの子ども向けイベントで、登別出身の知里真志保（1909-61年）のように言語学者になりきり、室内各所に隠れている動物や植物のアイヌ語を調査し、単語カードをつくるワークショップを行いました。ウォーミングアップではアイヌ語のカードゲームを行い、振り返りでは調べてつくった調査カードを発表しました。

アイヌ語のカードゲームに挑戦する親子

2 | NAM・アイヌ文化クイズ = 2022 年 9 月

クイズを通してアイヌ文化を学ぶ来館者

基本展示室の六つのテーマに合わせたクイズを通してアイヌ文化を学ぶ催しです。来館者はアイヌ文化に関する二択クイズに挑戦。出題されたクイズに関連するアイヌ文化の解説も行いました。

3 | 講演会「日本最初の文部省博覧会とそのコレクターたち」= 2022 年 9 月

第 5 回特別展示「イコロ　ウエカリレ―アイヌ資料をコレクションする―」を記念しての講演会を開催しました。明治時代に収集されたアイヌ資料に関わる内容で、東京・湯島聖堂で開かれた博覧会の様子や、ウィーン万博で展示された可能性があるアイヌ資料について、絵図や写真を基に解説しました。

アイヌ文化の専門家による講演会

4 | はじめてのアイヌ博 = 写真は 2022 年 6 月

小中学生、高校生など、学校団体向けのプログラムとしての事業で、アイヌ民族の歴史・文化の概説や、博物館をどのように

小中高生など学校団体向けの解説事業「はじめてのアイヌ博」

見学したらよいのか、それぞれの展示テーマごとにお話しします。事前学習や学年に応じて、❶アイヌ民族の歴史についての映像鑑賞とプレゼンテーション❷映像鑑賞を省略したクイズ形式によるレクチャーの二つのプログラムを用意しています。事前の打ち合わせにて、どちらのプログラムを利用するか、先生と検討します。また、学習内容や学校所在地域の特色に応じて、お話しする内容をその都度合わせられるように心がけています。

シアター

アイヌ文化を映像で分かりやすく紹介

　座席数 96 席、入場無料。アイヌ文化を大画面映像で分かりやすく紹介します。現在用意しているプログラムは 2 本で、どちらも上映時間約 20 分。映像プログラム「アイヌの歴史と文化」では、人類が日本列島にやってきてから現代までのアイヌ民族の歴史と文化について解説します。また、映像プログラム「世界が注目したアイヌの技」では、18 世紀以降、世界から高い注目を集め、ヨーロッパとアメリカの博物館に約 1 万点収蔵されているアイヌ民族資料について紹介します。

国立アイヌ民族博物館

シアターの内観。座席数は 96 席

シアタープログラム

1 アイヌの歴史と文化

　人類が日本列島にやってきてから現代までのアイヌ民族の歴史とアイヌ文化について、アイヌ文化にゆかりの深い動物が子どもから大人まで分かりやすく解説します。

かつては 北海道・樺太・千島列島・本州の北部で暮らしていました

アイヌ民族が暮らしてきた地域や歴史を紹介

大きな焚火では 男性も女性も晴れ着をまとい カムイをもてなし 歌って踊りました

古い写真や映像を交えて文化を紹介

男性は 道具づくり 狩猟字彫などを 仕事としていました

伝統的な男性の手仕事を紹介

刺繍は女性の仕事 男性が大人として身につけなければならないものの一つ

伝統的な女性の手仕事を紹介

2 世界が注目したアイヌの技

　ヨーロッパとアメリカの博物館では約1万点のアイヌ民族資料が収蔵されています。そうした博物館の展示の様子や、現代のアイヌ民族と各国の研究者とのかかわりを紹介します。

ヨーロッパにあるアイヌ民族資料は1万3900点以上

欧米の博物館が持つアイヌ資料に関して紹介

ロシア・サンクトペテルブルクの博物館

ドイツ・ケルンの博物館

アメリカ自然史博物館の収蔵庫の様子

パノラミックロビー

ウポポイの全景　自慢の眺望

　エントランスロビーからエスカレーターで
2階へ上がると、そこはパノラミックロビー。
湖側全面がガラス張りになっており、伝統
的コタンや体験交流ホールなどウポポイの
各施設と、ポロト湖とその奥に広がる山並
みが見渡せます。季節や時間によって変わ
る風景は、来館記念の絶好のフォトスポッ
トにもなっています。ぜひ四季折々の景観
を楽しんでください！

国立アイヌ民族博物館

ポロト湖の冬（左）と夏（右）の風景

ここを抜け特別展示室や基本展示室へと至る

パノラミックロビーから見たウポポイ屋外の眺望

国立アイヌ民族博物館

073

導入展示

世界の民族と出会い、アイヌ民族にいざなわれ 博物館の中核「展示室」へ

　日本を「単一民族国家」と考えている人が意外と多いのですが、日本にはさまざまな民族の人々が暮らしています。彼らが各自の言葉によるあいさつで、来館者を基本展示室にいざないます。先住民族であるアイヌ民族をはじめ、中国語、韓国語、英語、ロシア語、タイ語などを話す人々です。プロジェクターから壁面に投影された映像では、普段着で登場するウポポイの職員がアイヌ語であいさつした後、仕事で身に着ける民族衣装に変身していきます。アイヌ民族の日常と、独自の言語や文化があることを伝える工夫を演出に込めました。もちろん日本語を話す和人も一民族として登場します。標準語と関西弁の2種類の「こんにちは」を聞いてみてください！

プロジェクターで壁に映し出された多民族のあいさつ。アイヌ語では「イランカラプテ」

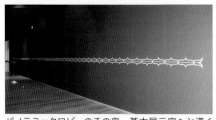

パノラミックロビーのその奥、基本展示室へと導く行程が「導入展示」。通路の壁にはアイヌ模様が

アイヌ民族衣装を身にまとった男女が、展示室内へいざなう

[コラム❽]…収蔵資料の科学分析

アイヌ民族の資料には、彫刻の入った小刀の鞘や木製の民具、刺しゅうの施された衣類など、さまざまなものがあります。それらが製作された様子を知るには丹念な目視観察が最も重要ですが、内部構造や素材の元素など目には見えない情報を調べることで、より深く資料を知ることができます。

国立アイヌ民族博物館では、収蔵資料を壊すことなく、不可視な領域を調べるために複数の科学分析装置を導入しました。ここでは、当館が導入した装置の中で、最も多くの調査に用いている「エックス線コンピューター断層撮影装置」(以下、CT)について紹介します。

CTは、測定する資料に360度のあらゆる方向からエックス線を当て、断面や内部を立体的に観察ができる機器です。当館では、アイヌ民族資料を調査するた

め、測定範囲やエックス線出力などをカスタマイズした特別な装置を導入しました。マキリ(小刀)の鞘内面の切削痕やイコロ(宝刀)の部材の組み合わせ方など、内部構造を把握する調査に利用しています。併せて、ロール状で保管しているゴザを開くことなく測定し、データ上で平面に展開した画像から製作時の端部の処理の様子を調査するなど、新しい観察方法も試みています。脆弱で取り扱いが困難な資料も、触れることなく安全に調査できる方法として期待できます。

当館で開催する特別展示やテーマ展示では、CTを含む科学分析装置の調査成果も展示することがあります。収蔵資料の科学的な調査の様子も併せてご覧ください。

(文・大江克己＝国立アイヌ民族博物館研究員)

X線CT装置

マキリ(小刀)の鞘の断層画像

バックヤードツアーで機器について説明(2022年)

国立アイヌ民族博物館

基本展示室

アイヌ民族の視点 「テーマ展示」と「探究展示」

常設の基本展示室は、「私たち」というアイヌ民族の視点で、ことば・文化・歴史について紹介します。アイヌ民族が居住してきた北海道、樺太、千島、本州北部。ここに人類が住み始めた約3万年前から今日までという、とても長い時間が対象です。また、館内のサインや展示室の解説パネルは、各地のアイヌ語を受け継ぐ人たちが考え書いたもので、音声ガイド（貸し出し）やアプリでそのアイヌ語を聞くこともできます。

また基本展示室は、柱や仕切りがないひとつの大きな展示空間になっています。展示室の中央に六つの大テーマのひとつ「私たちのことば」コーナーが、その周りを取り囲むように「プラザ展示」があります。プラザ展示を見れば「アイヌ文化の概略」が分かるようになっていますが、より詳しく知りたい人向けに、その周囲に五つの大テーマや探究展示が配置されています。各コーナー間は自由に行き来できるようになっています。そのため展示室のどこからでも、どこに、どのテーマが展示されているか分かるように、プラザ展示上部に円環状の大きなテーマサインがあります。

展示に見入る来場者

展示を見つめる「鳥模型」

　天井の高さが約 6.5 mもある基本展示室内では、アイヌ文化にゆかりのある鳥や動物があちらこちらに飛んでいます。それぞれ生活の中における意味があります。どこにいるか探してみてください。

[基本展示室の鳥] コノハズク

　アイヌ語で「トキト」「トキット」などと呼ばれます。コノハズクやコミミズクなどは「アフンラサンペ（あの世の化け物）」という不吉な鳥であるとも。フクロウの仲間でもすべてが重要なカムイとは限らないようです。

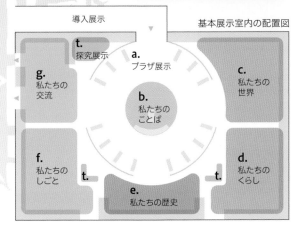

導入展示

基本展示室内の配置図

t. 探究展示

a. プラザ展示

g. 私たちの交流

b. 私たちのことば

c. 私たちの世界

f. 私たちのしごと

t.

e. 私たちの歴史

t.

d. 私たちのくらし

入り口から見た「基本展示室」の全景。中央の「私たちのことば」を囲んで、さまざまなテーマ展示が広がる

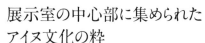

プラザ展示

展示室の中心部に集められた
アイヌ文化の粋

基本
展示室

この博物館の展示の魅力の一つは、「プラザ方式」という中心から周辺へと自由に展示室を見て回れる構成です。基本展示室の中央部に円形に並べて設置された14台のケースには六つのテーマから選んだ代表的資料、アイヌ文化の粋を集めた、芸術品としても高いレベルにある作品を展示しており、それを見るだけでもアイヌ文化の概略とすぐれた芸術性が理解できるように工夫されています。そして、より詳しく知りたい人は周辺の個別の展示を見て理解を深めることができます。

それぞれのケースについて、日本語、英語、中国語、韓国語で解説している

儀礼の時に着る女性の衣服（左）など、円形に並んだケースにはアイヌ文化の粋を集めた資料が展示されている

郵 便 は が き

0 6 0 - 8 7 5 1

6 7 2

料金受取人払郵便

札幌中央局
承　認

2337

差出有効期限
2024年 12 月
31 日まで
（切手不要）

（受取人）
札幌市中央区大通西3丁目6

北海道新聞社 出版センター

愛読者係
行

 հլ-Ո-լ-ՈՈ-Ո-ՈՈ-Ո-Ո-Ո-Ո-Ո-Ո-Ո-Ո-Ո-Ո

お名前	フリガナ		
ご住所	〒 □□□-□□□□		都 道 府 県
電 話 番 号	市外局番（　　　　　） 　　　　　　—	年　齢	職　業
Ｅメールアドレス			
読　書 傾　向	①山　　②歴史・文化　③社会・教養　④政治・経済 ⑤科学　⑥芸術　⑦建築　⑧紀行　⑨スポーツ　⑩料理 ⑪健康　⑫アウトドア　⑬その他（　　　　　　　　　　）		

★ご記入いただいた個人情報は、愛読者管理にのみ利用いたします。

愛読者カード　　　　　　　　　　　ウポポイまるごとガイド

　本書をお買い上げくださいましてありがとうございました。内容、デザインなどについてのご感想、ご意見をホームページ「北海道新聞社の本」の本書のレビュー欄にお書き込みください。

　このカードをご利用の場合は、下の欄にご記入のうえ、お送りください。今後の編集資料として活用させていただきます。

〈本書ならびに当社刊行物へのご意見やご希望など〉

■ご感想などを新聞やホームページなどに匿名で掲載させていただいてもよろしいですか。（はい　いいえ）

■この本のおすすめレベルに丸をつけてください。

高（ 5 ・ 4 ・ 3 ・ 2 ・ 1 ）低

〈お買い上げの書店名〉

都道府県　　　　　市区町村　　　　　　　　書店

北海道新聞社の本　　道新の本　検索

お求めは書店、お近くの道新販売所、インターネットでどうぞ。

北海道新聞社 出版センター　〒060-8711 札幌市中央区大通西３丁目6
電話／011-210-5744　FAX／011-232-1630　受付 9:30〜17:30(平日)
E-mail／pubeigyo@hokkaido-np.co.jp

19世紀半ばころの幕末から明治以降にかけてつくられた工芸品の数々

狩猟で使われた矢で、中にはやじりに毒がついたものも展示している

アットゥシやアハルシなどと呼ばれる、樹皮から繊維をとって織られた衣服

イタク
私たちのことば

展示室中央、いろりのそばで聞くアイヌ語の物語

　基本展示室の中央にある「イタク」コーナーは、アイヌ語に親しんでもらうための展示です。ウポポイ内の各所で使われているアイヌ語の表示や北海道の地名など、アイヌ語に興味がわいたら、ここでアイヌ語とはどんな言葉なのかを知ることができます。中央には

いろりのそばに座っているような気分でアイヌ語での物語を聞くことができる場所があり、周りにはゲームをしながらアイヌ語の仕組みや発音を知ることができるコンテンツ、地名や会話、現在のアイヌ語復興の取り組みについての映像もあります。

国立アイヌ民族博物館

いろりをイメージした「いろりモニター」では、アイヌ民族に伝わる口承文芸の「神謡」、「英雄叙事詩」、「散文説話」の三つのジャンルの物語を紹介

モニターは二つあり、一方では現代の語り手がアイヌ語で物語を語り、もう一方のモニターでは、物語のあらすじをイラストとともに表示する。待機映像では、娘が母からいろりの灰で模様の描き方を学ぶ様子やカムイノミのしぐさが現れる

「アイヌ語会話」は「こんにちは」「ありがとう」「また会いましょう」など、日常生活で使える会話が学べるショートアニメ。さまざまな地方の方言を紹介している

「アイヌ語かるた」は、アイヌの物語や言い伝えに登場する5体のオバケたちと対戦しながらアイヌ語の単語や発音を学ぶゲーム型のコンテンツ。かるたの途中でオバケがそれぞれの方法で邪魔をしてくる。みなさんは、オバケたちに勝つことができるでしょうか

二つのタッチモニターのなかには、「アイヌ語会話」、「アイヌ語かるた」などのコンテンツが入っていて、遊びながらアイヌ語について知ることができる

知里幸恵「アイヌ神謡集」

1923年、登別市出身の知里幸恵（1903～22年）が書き残した口承文芸の一部が『アイヌ神謡集』として出版された。激動の時代の中、アイヌ民族が自らペンをとり、また研究者に協力したことで、たくさんのアイヌ語の記録が残されている

知里真志保のアイヌ語調査カード

登別市出身の言語学者、知里真志保（1909～61年）がアイヌ語の単語に関する情報を書き込んだカードで古い木箱の中にぎっしりと納められている。『分類アイヌ語辞典』の編さんに使われたと考えられ、単語の採集地、語構成や語源などが詳細に記録されている

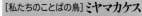

[私たちのことばの鳥] ミヤマカケス

アイヌ語では、一般的に「エヤミ」と呼ばれ、「パラケウ」と呼ぶ地域もあります。雄弁なカムイとされ、その雄弁さにあやかるためにするおまじないがあります。

イノミ

私たちの世界

アイヌ民族の精神世界に迫る

基本展示室に入ると左手に高さ約6mのシンボル展示「クマつなぎ杭」に出会えます。ここは、アイヌの精神世界をテーマにした展示「イノミ」です。カムイと人間の関係が分かるアニメーションや、儀礼で使う道具、人間が生きている世界と死後の世界に

ついての考え方などが展示されています。また各地域における季節ごとの儀礼の映像や、アイヌ文化と周囲の文化との比較などを見ることができます。アイヌ民族が自分たちの周りの世界をどのように考えてきたのかを、ぜひ感じ取ってください。

基本展示室に入りすぐ左、「クマつなぎ杭」とはく製が目を引く「私たちの世界」コーナーの全景

樺太アイヌが霊送り儀礼でクマをつなぐための杭は、北海道大学アイヌ・先住民研究センターの北原モコットゥナシ教授、ウポポイ職員によって復元された当館のシンボル的な存在。二股に分かれた長さ6mのトドマツで白老町の山林から伐ってきた。杭の先端にあるイナウは、樺太のイナウを削る小刀を再現し、それで削り出した。仔グマの飾りは、ロシアや東京、大阪、網走の博物館に収蔵されている民具を調査し製作した

カムイとくらす世界

ラマッ（霊魂）は動植物や自然現象をはじめ、さまざまなものに宿っている。その中でも、人間にとって特に重要な働きをするものをカムイと呼んできた。アニメーション「カムイとくらす世界」では、こうしたイメージしづらい、また直接目に見えないラマッやカムイについて分かりやすく紹介している

イモカシケは、イオマンテ（クマの霊送り儀礼）のときにカムイへ持たせるお土産。1985 年、旭川市にある川村カ子トアイヌ記念館で行われたイオマンテに基づいて再現している

イオマンテにおいて、クマに土産として持たせる意味で打ち込む、やじりのない花矢。各地域によって形態や文様の違いがある

いろいろなカムイにイナウをささげた祭壇。家の神窓の外にあり、地域によって川の上流の方向や、東向きにたてられていた。十勝地方の祭壇を帯広アイヌ協会の人たちに再現してもらった

[私たちの世界の鳥] シマフクロウ

アイヌ語名で「コタンコロカムイ（村を領有するカムイ）」などと呼ばれます。ヒグマと並びとても位の高いカムイで、捕った時には厳格な霊送り儀礼を行いました。

ウレシパ

私たちのくらし

生活を支えた道具や習慣を紹介

衣食住の生活道具を中心に、人の一生の中で行われるさまざまな習慣など、私たちアイヌ民族の伝統的な「くらし」についての展示です。各地の歌や踊りを映像で楽しめるほか、伝承に携わる人々の取り組みも紹介しています。ウポポイ内で体験できるいろいろなプログラムと併せて、伝統を継承しつつ新たな創造を続けるアイヌ文化に触

れてみてください。儀礼の際には、刺しゅうで華やかに飾った衣服を身につけます。かつて縫製や刺しゅうは女性の大切な手仕事の一つでした。伝統的な衣服のほか、現代の作り手による作品も紹介しています。さらにあらゆる種類の装飾品も含め、アイヌ民族の服飾文化を紹介します。

国立アイヌ民族博物館

伝統的な暮らしに関する展示「ウレシパ」の全景。各地に伝わる「鶴の舞」の様子を投影する大型の映像モニターが目を引く

アイヌ民族には木や草の皮の繊維で作られる、いろいろな織物、編み物がある。コーナー中央部には衣服や編み袋づくりの道具を展示。それぞれの製作過程のみならず、用途によって素材や太さなどが異なる糸の種類も注目点だ

調理具などの「食」に関わる民具を展示している。普段の食事や儀礼のときの食事や供物についても紹介しており、映像は「受け継がれてきた食文化」と題して、オハウ（汁物）など五つの調理を紹介している

儀礼の時の花ござや炉の周りで使う民具など、伝統的なチセ（家屋）について紹介。AR（拡張現実）では、白老地方の伝統的な家のつくり方やしきたりも目にすることができる。そのほかに、資料を基に再現した樺太のトイチセの模型もある

国立アイヌ民族博物館

トンコリ（弦楽器）やムックリ（口琴）が使われてきた。展示ケースの上では、各地の鶴の舞の映像（音声なし）や、モニターでは各地に伝わる舞踊や歌、楽器演奏の映像を見ることができる

人の一生を子どもの頃、大人の準備、大人になって、旅立つ準備の四つの項目に分けてイラストと解説により紹介する。関連する民具も展示していて、どのように使ったかなど想像してみてほしい

[私たちのくらしの鳥] エゾモモンガ

哺乳動物であって「鳥」ではありませんが、木々の間を飛び回ります。アイヌ語名は「アッ」、帯広など一部地域では「フーニ」と呼びます。子供をあやし、お守りをするカムイとされています。

私たちの歴史

古代から現代に至るまでのアイヌ民族の足跡

　私たちの歴史「ウパシクマ」では、人類が北海道にやってきた３万年前から、2020年に至るまでの年表を軸に、土器や石器、古文書、さらにアイヌ民族が出版した書籍や雑誌、手紙などを通じて、アイヌ民族の歴史を紹介しています。北海道、樺太、千島といったアイヌ民族の居住地と、周辺の日本、中国、ロシアをはじめとする世界との関係にも触れています。時間の縦軸だけでなく、地理的な横のひろがりにも注目しながら、アイヌ民族の歴史をご覧ください。

展示コーナー、私たちの歴史「ウパシクマ」の全景

7世紀後半に本州の影響を受け出現した擦文土器。9世紀後半から北海道の独自性を持ち、道南、道央から北部日本海域へ広がった

19世紀半ば、明治政府の同化政策により、主な習慣が禁止され、主食となるサケやマスを川で獲ることが禁止されるなど、生活への大きな打撃があった。各地の人物も紹介している

アイヌ民族の社会的地位の向上、差別の解消などを目指して、各地のアイヌ民族は、さまざまな運動を展開した。1960年代以降、世界的な社会運動の高まりや民族意識の高揚を受けて、アイヌ民族自身が雑誌や新聞を発行し文章を発表した

言語学者の知里真志保が使用したかばん。彼は北海道や樺太の各地でアイヌ語や文化を調査した

1946年の占領下で書かれた和文と英文の嘆願書は、同化政策による生活への長年の影響を概観し、民主化を歓迎する中でアイヌの生活向上を訴えている

[私たちの歴史の鳥] オオワシ

アイヌ語では「カパッチリ」などと呼ばれます。ワシの羽はアイヌ民族と和人との交易において重要な品物で、矢羽根に用いられました。※「私たちの交流」「探究展示」とも関連

私たちのしごと

道具や技に多くの知恵や工夫が

　遠い先祖から続き、私たちアイヌ民族の生活を支えてきた狩猟・漁撈・採集・農耕などの伝統的な「しごと」、明治以降の激動の時代を生きた世代が近代化の中で行ってきた「しごと」、そして今を生きる国内外で活躍中の仲間のさまざまな「しごと」について紹介します。山、海、川での漁猟や採集、農耕の道具や技には、自然環境に合っ

た知恵や多くの工夫が見られます。私たちの先祖は、狩猟道具一つ作るにしても、動物の癖や行動などを知り抜いて、それらを上手に利用して数々の道具を作ってきました。植物は食用とするほか、それぞれの特性を活かして、薬や素材にもなります。伝統的な「しごと」の道具について、その仕組みや使い方にも着目してください。

家具製作、俳優……現代に生き、国内外で活躍するアイヌ民族の仕事ぶりを職業別、多面的に紹介するコーナー

職業別のパネルの反対面では、それぞれの人物が思いを語る映像もある

伝統的な狩猟・漁撈・採集・農耕で身につけていた装いを再現。物語でのシカやサケに関する常套句や、採集で唱えるおまじない、穀物を臼でつくときの歌などもアイヌ語で紹介している

壁面の展示コーナー、ここでは伝統的な狩猟・漁撈・採集・農耕で使われた道具を展示

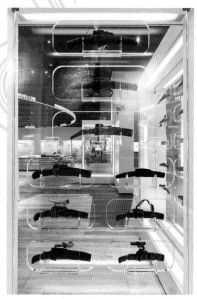

マキリは最も身近な道具の一つで、かつて男女ともに常に身につけた。狩猟や採集、漁に持っていく必需品であり、ほかに炊事や女性の護身用としても使った

[私たちのしごとの鳥] エゾフクロウ

アイヌ語では「イソサンケカムイ（獲物を授けるカムイ）」「クンネレクカムイ（夜鳴くカムイ）」などと呼ばれます。鳴き声でヒグマがいるところを教えてくれるという、ヒグマ猟と関わりの深いカムイです。

私たちの交流

視線はいにしえより世界へ

アイヌ民族は、古くから隣接する東北アジアの周辺諸民族と交易などで直接的、間接的な交流を行ってきました。近年は世界各地の先住民族との交流を行っています。この「ウコアプカシ」では、アイヌ民族と他の民族との交流をテーマに、生活の中に流入した交易品などから、和人や北方の民族との交流、それに現在行われている海外先住民族との交流の様子について紹介します。アイヌ民族が暮らす日本列島北部周辺地域

は、16世紀末頃からヨーロッパで注目されます。外から訪れた人びとは民具を収集して持ち帰り、見聞を地図や紀行に記して広めました。18世紀以降、江戸幕府の命で北海道や樺太で調査や測量が行われ、最上徳内、近藤重蔵、間宮林蔵、松浦武四郎らによる記録が残されました。また、アイヌを題材とした絵画も数多く制作されるようになります。

17〜19世紀ごろ、アイヌ民族は海を越えてさまざまな民族や国と交易するように。アイヌ民族からはワシの羽、動物の毛皮、昆布などを提供し、金属製品、漆器、米、酒、木綿などと交換した。またラッコの毛皮のように、交易品の中でも特に価値が高いものは、松前藩へ献上、または独占的に買い上げられることもあった

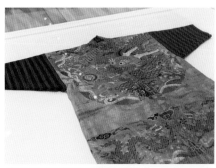

19世紀後半以降、同化政策が進められる中、アイヌ民族自ら言語や文化を記録し、伝え残そうとする動きが各地に広がった。旭川、阿寒、平取などでは、アイヌ民族が自らの手で博物館を開設、観光地でその文化を紹介する仕事に就く人たちも現れた。各地の保存会で舞踊、儀礼、言語などが継承され、アイヌ古式舞踊は、1984年に国の重要無形民俗文化財に指定、2009年にはユネスコの無形文化遺産に登録された。写真は1999年、白老での海外先住民族との交流で古式舞踊を一緒に踊る様子

蝦夷錦は中国製の絹織物で、サンタン服はその反物でつくられた衣服。中国から樺太を通る北回りのサンタン交易で入手されたもの。これらはアイヌ社会だけではなく、和人社会においても希少性が高かったため、松前藩は、江戸幕府への献上品や諸藩への贈答品としていた

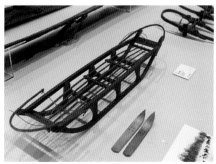

樺太や千島では犬ゾリが使われた。それぞれアムール川流域、カムチャツカなどで使われるソリとの共通点が見られる。樺太では北海道犬より体格の大きい樺太犬が、5〜12頭でソリをひいた

アイヌ民族が海や大きな河川で漁や交通、運搬の手段として使っていた舟「イタオマチプ」。展示物は、厚岸町海事記念館から借用したもので、汚れの除去や合成樹脂による強化処理、損傷箇所の補填などの保存修復を行った

［私たちの交流の鳥］オオジシギ

アイヌ語では「チピヤク」などと呼ばれます。名前は鳴き声が由来です。和人が舟に交易品を積んでやってくることを知らせる鳥です。

イケレウシ テンパテンパ

探究展示 テンパテンパ

見てさわって、アイヌ文化を体感

テンパテンパは、アイヌ語で「さわってね」の意味。体験を通じてアイヌ文化にふれることができる、大人も子どもも楽しめるコーナーです。

サケのアイコンがついた t.1 エリアと、シカのアイコンがついた t.2 エリアには、「魚のくつ」や「タマサイ」、ジオラマなど 18 の体験ユニットがあります。それぞれのユニットの体験は周りの六つのテーマ展示と関連していて、その展示には探究展示のアイコンが掲示されています。体験で興味が湧いたら、関連する展示に行ってみましょう！

探究展示
Interactive
Station
t.1

t.1 のユニット
チェプケレ
魚のくつ

サケの皮がくつになります。大きくて皮も厚い産卵後のサケが最適で、一冬越せる丈夫なくつが作れたといいます。作るときは背びれがくつの底になるようにして、背びれが滑り止めの役目になります。このユニットでは、サケ皮のパーツを組み合わせて、くつを作ることができます。また実物のくつに触れながら、その履き心地を想像してみてください。

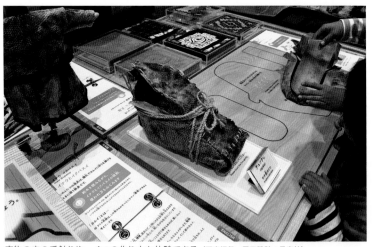

実物の皮の手触りや、くつの作り方も体験できる（写真提供・展示設計：丹青社）

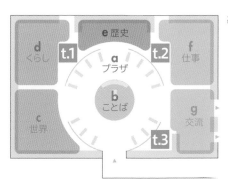

基本展示室に3カ所ある
「探究展示 テンパテンパ」

t.2 のユニット
タマサイ
首飾り

儀礼のときに女性が身につけるタマサイ（首飾り）は、「母から娘」へ代々大切に受け継がれる宝物です。タマサイには、和人や大陸との交易などで手に入れたさまざまな色、大きさの玉がつなげられました。このユニットでは、さまざまな種類の模型の玉を組み合わせてタマサイをつくることができます。体験をするときには見本の写真をもとに玉の組み合わせを考え、組み立て上がったら、胸にあてて写真を撮ることもできます。

引き出しの中には
実物の資料もいろ
いろ入っている

キツネのアイコンがついた t.3 エリアでは、靴をぬいでくつろぎながら、本を読んだり、ぬりえワークシートをぬったり、ぬいぐるみや植物標本を観察して動植物とアイヌ文化のかかわりを調べたりできる

特別展示室

多岐にわたる催しの数々

特別展示室は、基本展示室に隣接しています。面積は約1,000㎡あり、3面の壁面は展示ケースとなっており、ほぼ全面がガラス面となっています。天井高が約6mあり、全体が黒色で統一されていて、基本展示室が白色中心となっているのと対照的です。ここでは、1年間に4回の展覧会（有料の特別展示と無料のテーマ展）を開催しています。テーマは、アイヌの歴史や文化のみならず、世界の先住民族や諸文化など多岐にわたります。これまで、収蔵資料展のほか、漫画『ゴールデンカムイ』（野田サトル作）や、国立民族学博物館と共催の世界のビーズに関する展覧会などを開催してきました。

これまで
開催された
展示会、
催し

開館記念特別展「私たちが受け継ぐ文化〜アイヌ文化を未来へつなぐ〜」（2020年）

貝澤徹作「アペフチカムイ〜火の神様」（2020年）

第1回テーマ展示「収蔵資料展 イコロ―資料にみる素材と技―」（2021年）

第3回特別展示　国立民族学博物館巡回展「ビーズ　アイヌモシリから世界へ」開会式（2021年）

第2回テーマ展示「地域から見たアイヌ文化展　白老の衣服文化」（2022年）

[コラム❾]…アイヌ語表示

ウポポイでは、アイヌ語を第1言語としており、多言語で表記された施設名称や案内表示の先頭にアイヌ語が記されています。例えば、エレベーターは「トゥシエリキンペ」。「トゥシ（綱）・エ（〜で）・リキン（上る）・ペ（もの）」と分解できます。既存のアイヌ語にはエレベーターに当たる固定の表現は確認できませんでしたが、今回開業に当たって、こうした単語もアイヌ語で表現することを試みました。

アイヌ語は2009年にユネスコにより「消滅の危機にある言語」と位置付けられており、各種表示を作成するのは大きな挑戦でした。検討会議を立ち上げ、アイヌ語による執筆経験が豊富な方や研究者にご協力いただき、開業の2年前から議論を重ねました。検討の際、参考にしたのはこれまで各地で残されてきた記録です。エレベーターのアイヌ語は、「蜘蛛」を指す「トゥシ（綱）・エ（〜で）・リキン（上る）・クル（人）」という表現から発想を得て提案されたものです。

議論の中では一つの施設名や表示に対し、さまざまな案が出され、その中から実際にアイヌ語表示として使用するものを一つに絞りました。ウポポイで使われている表現はあくまで一つの例です。現在各地にアイヌ語を学ぶ人がいて、将来アイヌ語が使われていく中で、また新しい別の表現が生まれていく可能性もあります。

（文・小林美紀＝国立アイヌ民族博物館研究員）

国立民族共生公園内の表示（左）、国立アイヌ民族博物館の表示（右上）、博物館1階の壁面にプロジェクターで投影された表示（右下）

ウポポイ内施設のアイヌ語表示と意味

アイヌ語表示	日本語名称	アイヌ語の意味
アクプ	カフェ	**アクプ** 飲み物
アシンル	化粧室・トイレ	**アシンル** トイレ
アスルコロ ウシ	インフォメーション 案内所・総合案内	**アスルコロ** 知らせを持つ **ウシ** いつも〜するところ
アヌココロ アイヌ イコロマケンル	国立アイヌ民族博物館	**アン - ウココロ** 私たちが - 〜を共有する / 〜をともに持つ **アイヌ** アイヌ、人間 **イコロ - オマ - ケンル** 宝物 - 〜に ある / 〜に入っている - 建物
アヌココロ ウアイヌコロ ミンタラ	国立民族共生公園	**アン - ウココロ** 私たちが - 〜を共有する / 〜をともに持つ **ウアイヌコロ** 互いを敬う、敬い合う **ミンタラ** 庭
アペウシカワッカ チヤイ	消火栓	**アペ - ウシカ - ワッカ** 火 - 〜を消す - 水 **チヤイ** 栓
イカオイキ トゥンプ	救護室	**イカオイキ** 救護する **トゥンプ** 部屋
イカラ ウシ	工房	**イカラ** ものづくりする **ウシ** いつも〜するところ
イトノンテ トゥンプ	授乳室	**イトノンテ** 子どもに乳を飲ませる **トゥンプ** 部屋
イネカリプ アシテ ウシ	駐車場	**イネ - カリプ** 四 - 輪 **アシテ** 〜を立たせる、〜を止める **ウシ** いつも〜するところ
イペ ウシ	フードコート・レストラン	**イペ** 食事をする **ウシ** いつも〜するところ
イホク ウシ	ショップ	**イホク** ものを買う **ウシ** いつも〜するところ
イホク スウォプ	自動販売機	**イホク** ものを買う **スウォプ** 箱
ウアイヌコロ コタン	民族共生象徴空間	**ウアイヌコロ** 互いを敬う、敬い合う **コタン** 集落、村
ウウェランカラプ ミンタラ	歓迎の広場	**ウウェランカラプ** 挨拶する **ミンタラ** 庭
ウエカリ チセ	体験交流ホール	**ウエカリ** 集まる **チセ** 家
エタイェ	引	**エタイェ** 〜を引く
オプトゥイェ	押	**オプトゥイェ** 〜を押す
カンカン	いざないの回廊	**カンカン** 腸
コタン セレマク	管理運営施設	**コタン** 村、集落 **セレマク** 〜の背後
シニ ウシ	休憩所	**シニ** 休む、休憩する **ウシ** いつも〜するところ
シネウェクル プヤラ	窓口	**シネウェ - クル** 訪れる - 人 **プヤラ** 窓
シンヌラッパ ウシ	慰霊施設	**シンヌラッパ** 先祖供養をする **ウシ** いつも〜するところ
セプ アシンル	多目的トイレ	**セプ** 広い **アシンル** トイレ
チエトゥン スウォプ オマ トゥンプ	ロッカー室	**チエトゥン** 借りられる **スウォプ** 箱 **オマ** 〜にある **トゥンプ** 部屋
チキサニ ミンタラ	チキサニ広場	**チキサニ** アカダモ、ハルニレ **ミンタラ** 庭
チセ オシケ	館内案内図	**チセ** 家 **オシケ** 〜の内部
テエタ カネ アン コタン	伝統的コタン	**テエタ** 昔 **カネ アン** 〜みたいな、〜のような **コタン** 村
トゥシエリキンペ	エレベーター	**トゥシ - エ - リキン - ペ** 綱 - 〜で - 上る - もの
フンタ ホク ウシ	チケット売り場	**フンタ** 札 **ホク** 〜を買う **ウシ** いつも〜するところ
ホシキアン チセ	エントランス棟	**ホシキ - アン** 最初に - ある **チセ** 家
モンライケ ウタラ パテク	関係者以外立ち入り 禁止	**モンライケ** 働く **ウタラ** 人々 **パテク** 〜だけ
ヤイハノッカラ チセ	体験学習館	**ヤイハノッカラ** 自分で学ぶ **チセ** 家
ワッカク ウシ	水飲み場	**ワッカ - ク** 水 - 〜を飲む **ウシ** いつも〜するところ

慰霊施設

アイヌ民族による尊厳ある慰霊を実現

アイヌの人々の遺骨やこれに付随する副葬品が納められている施設

慰霊施設は、博物館や公園のあるウポポイ中核区域から 1.5km ほど離れたポロト湖東側の太平洋を望む高台にあり、遺骨などを保管するための施設（墓所）、慰霊行事を行うための施設（慰霊行事施設）、慰霊施設を象徴するモニュメント──などからなります。日本人の起源をめぐる論考など、古くから人類学などの分野で研究対象とされてきたアイヌの人々の遺骨や付随する副葬品は、研究者による発掘・収集が行われ、その結果、全国の大学に研究資料として

アイヌ人骨が保管される状況が近年まで続きました。政府は先住民族への遺骨返還が世界的な潮流となっていることを受け、この返還を進め、直ちに返還できないものについてはウポポイに集約、アイヌ民族による尊厳ある慰霊の実現を図るとともに、受け入れ体制が整うまで適切な管理を行うことを 2014 年に決定しました。慰霊施設は、その実現を図る施設として 19 年に建設されました。

中央が慰霊行事施設。かやぶきのチセ（家）を模した外観で、伝統儀式を行うため広間にはいろりが設置されている

墓所正面の外壁には各地域の墓標のレリーフがデザインされている

慰霊行事施設内部のいろり

モニュメントは、カムイノミ（神への祈り）の際の祭具の一つであるイクパスイ（捧酒箸）をモチーフとし、モレウなどのアイヌ文様を表現。楕円柱で高さ30メートル

■公開日時
●公開時間／
　4月1日〜9月30日
　9：00〜17：00
　10月1日〜3月31日
　9：00〜16：00
●休業日／月曜日（祝日または休日の場合は翌日以降の平日）及び年末年始（12月29日〜1月3日）、2月20日〜2月29日
　※5月1日、7月10日、8月14日、9月19日、2月5日は開業（2023年度）

上空から見た慰霊施設の全景

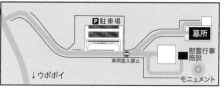

ウポポイ内の
飲食店・
ショップ

営＝営業時間　電＝電話

　カフェやレストラン、博物館内にあるミュージアムショップなど、ウポポイ内にある六つの
飲食店・ショップを紹介します。

歓迎の広場
ショップ　　❶ sweets café **ななかまど イレンカ**

　地元白老のベーカリーが出店する、テイクアウトショップ。北海道産のチーズや白老産の卵を使ったカップチーズケーキは、濃厚でくちどけの良い滑らかな味わいです。自家製のパイ生地を使ったアップルパイ、季節限定のパイなども見逃せません。

営 9：00 〜閉園時間
電 0144-85-5005

カップチーズケーキの
「クンネチュプ」

壮瞥産りんごを使用したアップル
パイの「パピリカパイ」

ソフトクリームやコーヒー、ソフトドリンクも販売

❷ Café RIMSE（リムセ）

代表的なアイヌ料理である、白老産のサケや野菜を使った具だくさんの汁もの「チェプオハウ」を味わうことができます。

ドリンクや軽食、トゥレッポんグッズもそろうカフェです。

☎ 9:00 〜閉園時間（ラストオーダー閉店 1 時間前）
📠 0144-85-2177

各種トゥレッぽんグッズ

「チェプオハウセット」

テラス席もある

❸ ヒンナヒンナキッチン 炎

北海道ならではの食材を使った料理を提供。テイクアウトできる軽食からラーメン、カレーなど豊富なメニューを楽しめます。

☎ 9:00 〜閉園時間（ラストオーダー閉店 30 分前）
📠 0144-84-8631

「白老牛カレー」

エントランス棟内のフードコート。100 席ある明るい店内

「行者にんにく山菜そば」

アイヌ文化を源流とする食材に、現代の調理技術を取り入れた創作料理を提供します。オープンキッチンのいろりでいぶしたエゾシカや北海道産ラム、白老牛を満喫できます。事前予約も可能。

🕐 11:00 ～閉園時間（ラストオーダー閉店1時間前）
📞 0144 - 84 - 6545

「ハルランナ特製縄文プリン」

「ユク（エゾシカ）の焚火ロースト」。スープ、パンが付く

大きな窓から園内を眺められる

ウポポイPRキャラクター・トゥレッぽんのグッズは子どもたちにも大人気です。北海道のお土産に最適なお菓子なども。飲料や傘など日用品も取りそろえています。

🕐 9：00 ～閉園時間

アイヌ文様をデザインしたTシャツやバッグ

各種トゥレッぽんグッズ

⑥ ミュージアムショップ **イコロマケンル イホク ウシ**

　ウポポイオリジナルグッズはじめアイヌ文様をあしらったアイテムや工芸品が充実しています。アイヌ民族の歴史や文化に関する書籍も取りそろえています。ポロト湖を望みながら、コーヒーも楽しめます。

🕘 9：00 ～閉園時間

ウポポイオリジナルグッズ

アイヌ文様刺しゅうなど各地の作家が手掛けた工芸品

ミュージアムショップの店内

飲食店・ショップ見取り図

入り口

展望広場

❶

❸ ❹

入退場ゲート

歓迎の広場

エントランス棟

❻ 国立アイヌ民族博物館

❷ ❺

▪▪▪▪ 線右上は有料エリア

白老町周辺観光情報

せっかく
来たん
だから〜

白老 いいとこどりガイド

ウポポイのある白老町は東西に長く太平洋を望み、国道 36 号が海岸線を付かず離れず走っています。町の面積の 75％を緑深い森林が占める、海と森に囲まれた町です。豊かな自然とアイヌ文化を育んだ白老町を、さくっと「いいとこどり」してご紹介します。

白老町の主な産業は、何といっても漁業と和牛生産。中でも「虎杖浜たらこ」と「白老牛」は全国的にも有名です。泉質の違う温泉が町内各所にあり、お湯を楽しめる地域としての特徴も見逃せません。

昔の生活を伝える「虎杖浜アヨロ・歩いて巡る
屋外写真展」

ポロト自然休養林内のミズバショウの群生地

夏の「史跡 白老仙台藩陣屋跡」

住 ＝ 住所　電 ＝ 電話　営 ＝ 営業時間　休 ＝ 定休日

たらこ

白老土産の代表格と言えば「たらこ」。浜の母さんが丹精込めて作り上げた「虎杖浜たらこ」は、今や日本を代表するたらこのトップブランド。「海産物ロード」と呼ばれる、たらこや干物の加工場が立ち並ぶ一角を、てくてく散歩するのもお勧めです。春の風物詩の海沿いに並べられたスケトウダラの「すき身干し」は、昔から海と一緒に生活する虎杖浜の変わらぬ風景。太平洋を望む、ここにしかない景色をカメラに収めるのも楽しい！

春の風物詩、海沿いに並べられた「すき身干し」

白老周辺観光情報

海鮮工房 たらこ家虎杖浜

創業は1913年（大正2年）。自社製造のたらこや豊富な海産物が並ぶ小売店。自慢の白老ならではのお土産がそろいます。店内の食事コーナーでは、たらこ丼やいくら丼、甘えび天丼など、その場でうまさを実感できます。

「たらこ丼」（ご飯300g 1,730円）。虎杖浜たらこ、白身魚の昆布じめ刺し身、たらこ天ぷら、汁もの

🏠 白老町虎杖浜185
📞 0144-87-3892
🕐 9:00〜17:00
（食事コーナー11:30〜14:30、
土日祝11:00〜15:00）
🈺 木曜

虎杖浜たらこのかんばら

蒲原水産直営の小売店。毎朝目の前にある加工場から届く「本日のできたてたらこ」は一押しです。さらっとした粒子感、すっきりとした薄味。地元の人も通う、間違いない味がここにあります。

自宅用や、贈答一番人気の「虎杖浜たらこ箱入り」（500g 5,940円）など各種そろう

🏠 白老町虎杖浜118-18
📞 0144-87-2057
🕐 9:00〜16:30
🈺 水曜

白老牛

白老町を代表する食材「白老牛」は、豊かな自然と生産者の愛情で育った黒毛和牛です。「白老牛」は安心安全な証として商標登録され、商標マークによって一目で分かるようになっています。町内には指定の販売店や、白老牛が食べられる飲食店などが多くあります。1989年から始まった「白老牛肉まつり」は毎年6月に開催され、大勢の人が自慢の味を堪能しています。

白老牛の登録
商標シール

ファームレストラン ウエムラ・ビヨンド

白老和牛王国ウエムラ牧場の直営店。ステーキやハンバーグ、コース料理が楽しめます。その日の厳選した肉を、料理人による絶妙な焼き加減で提供します。白老の食の思い出になるような感動が待っています。

「ビヨンドステーキ」(100g 2,915円～)

🏠 白老町社台289-8
☎ 0144-84-3386
🕐 11:00～20:00
（ラストオーダー19:30）、
冬期11:00～19:00
（ラストオーダー18:30）
🈺 年末年始

白老牛の店いわさき おもてなし亭

自社牧場で、ビール酵母や飼料米などこだわりの飼料で育てる「いわさき白老牛」。甘みのある肉質、芳醇なうま味など、最高の品質を炭火焼き肉、すき焼き、しゃぶしゃぶなどで存分に堪能しましょう。

「いわさき白老牛サーロイン」(200g 7,500円)

🏠 白老町社台271-44
☎ 0144-82-5093
🕐 11:00～20:00
（ラストオーダー19:30）
🈺 水曜
（祝日の場合は翌日休み）

天野ファミリーファーム

生産者直営だから、提供する肉は牛まるごと1頭使います。珪藻土七輪と備長炭の相乗効果で、肉の外側はパリッと中はふっくら！トマトやニラ、オクラなどの自家製キムチは、季節ごとに登場します。

「白老牛特上カルビセット」(130g 3,300円)

🏠 白老町白老766-125
☎ 0144-82-5493
🕐 11:00～15:00
（ラストオーダー14:30）、
16:00～20:00
（ラストオーダー19:30）
🈺 水曜

徳寿ファームレストラン KANTO

1979年、札幌で産声を上げた焼き肉店「徳寿」。白老町森野には牧場や農園を備えた敷地に、大きなレストランがあります。どのメニューをとっても、安心安全に気を配った心のこもった食を提供しています。

「厳選上焼肉定食」(4,400円)

🏠 白老町森野14-3
📞 0144-85-2323
🕐 11:00〜20:00
（ラストオーダー19:30）、
テイクアウト(10:00〜18:00)
🈺 無休

11/1〜3/31(秋冬期間)🕐 11:00〜19:00(ラストオーダー18:30)、テイクアウト10:00〜16:00📅 月曜 ＊12/31〜1/4休業

レストラン カウベル

自然に囲まれたログハウスと、軽快な音楽が出迎えてくれます。開店から35年以上。年月が醸し出す炭火の香りが、肉のうまさを引き立てます。隣接する直売店ものぞいてみてね。

「極上バーベキューランチセット」(140g 3,250円)

🏠 白老町石山112-14
📞 0144-83-4567
🕐 11:00〜19:00
（ラストオーダー18:30）
🈺 第1、3、4、5水曜、第2、火曜
＊直売店は9:00〜18:00

和風炭火焼ステーキハウス 牛の里

町内のタケダ牧場の直営店。最適な熟成期間を見極め、提供しています。炭火でふっくら焼いて、自家製たれでいただきます。店内の売店では、土産や贈り物に最適なハンバーグやビーフシチューなどがそろいます。

「白老牛厳選焼肉ランチセット」(2,950円)

🏠 白老町栄町1-6
📞 0144-82-5357
🕐 レストラン11:00〜
15:00、17:00〜19:30、
売店10:00〜20:00
🈺 火曜(祝日の場合は営業)、
第2、4月曜

はしもと珈琲館

白老牛を使ったハンバーガーならここ。虎杖浜たらこの「ゆたらたらこ丼」や白老産豚肉の「とびとんミニ角煮丼」など、地元ならではのメニューも見逃せない！敷地内の陶芸館で作られる「珈琲焼」の器もすてきです。

「白老産和牛煮込みバーガー」(770円)

🏠 白老町竹浦118-31
📞 0144-87-2597
🕐 3〜11月10:00〜17:00、
12月〜2月10:00〜16:00
🈺 月、木曜(祝日の場合は営業、ただし木曜が営業の場合は翌日休み)

卵

白老町は、北海道でも有数の卵の産地として位置付けられています。遺伝子組み換えをしていない厳選飼料やミネラル豊富で良質な天然水を利用し、一羽一羽丁寧に育てています。また、毎日安心な卵を届けるため、徹底した品質管理を実践しています。白老産卵を使ったスイーツをぜひご賞味ください。

白老の主力農産品の一つである新鮮な卵

MAIKO'S BAKE

JR白老駅南口のすぐ前。白老産卵と無添加生クリームを使った数種類のエッグタルトを、店内キッチンで焼いています。地元民に長く愛される、無添加にこだわったマドレースも見逃せません。お母さんの愛情が、たっぷり詰まったようなスイーツたちです。

「エッグタルト」(1個324円)

住 白老町大町3-3-11
電 0144-82-7736
営 10:00〜17:00
休 水曜

マザーズプラス

芝生の中に「北海道赤レンガ建築賞」を受賞した、白い建物が映えます。新鮮産みたて卵と並んで人気が高いのが、シュークリームです。自慢の卵を使ったカスタードが口いっぱいに広がります。プリンやカステラもどうぞ！

「クッキーシュー」(1個300円)

住 白老町社台289-1
電 0144-82-6786
営 10:00〜18:00、
冬季(11/21〜2/28)10:00
〜17:00
休 不定休

温泉

　白老町では町内全域で温泉が湧出し、源泉の数は130カ所以上。大きく分けて、市街地周辺と虎杖浜地区では泉質が違います。市街地では世界的にも珍しい茶褐色のモール温泉が湧き、虎杖浜地区にはとろみのある肌に優しい源泉かけ流しが多くあります。泉質に着目したお湯巡りで、自分に合った温泉を探すのも楽しそうです。

■白老町内にある主な温泉施設（白老観光協会提供、2023年8月1日現在の情報）

地域	業種	施設名	TEL	住所（白老町）	公式HP	日帰り入浴対応
虎杖浜	日帰り温泉	アヨロ温泉	0144-87-2822	虎杖浜154-2	https://ayorospa.com/	○
	日帰り温泉	花の湯温泉	0144-87-4035	虎杖浜40-2		○
	日帰り温泉	家族風呂 浜ちどり	0144-87-2250	虎杖浜179-43		○
	ホテル・旅館	心のリゾート 海の別邸 ふる川	0144-87-6111	虎杖浜289-3	https://www.kokorono-resort.com/index.php	
	ホテル・旅館	虎杖浜温泉ホテル	0144-82-8267	虎杖浜73-5	https://www.kojohama.net/	○
	ホテル・旅館	ホテルいずみ	0144-87-2621	虎杖浜312-1	https://hotel-izumi.webnode.jp/	○
	民宿	温泉民宿500マイル	0144-87-2682	虎杖浜2-4	https://ameblo.jp/500mile-net	
	民泊	虎杖浜ベース	070-2684-0707	虎杖浜420-147	https://www.harushouse.com/kojyohamabase	
	民泊	海眺亭	0120-264-046	虎杖浜1-1	https://irankarapte-shiraoi.info/spa-kaichotei	
竹浦	日帰り温泉	山海荘	0144-87-2257	竹浦151		○
	ホテル・旅館	温泉ホテル 和秀	0144-87-3305	竹浦297	http://www.n43.net/onsen/kojyouhama/wasyuu/index.htm	○
	ホテル・旅館	湯元ほくよう	0144-87-2345	竹浦121-41	http://www.h-hokuyo.com/	○
	ホテル・旅館	富士の湯温泉ホテル	0144-87-2043	竹浦297-56		○
	ホテル・旅館	温泉ホテルオーシャン	0144-87-3688	竹浦111		○
	ホテル・旅館	ホテル王将	0144-87-2230	竹浦118-72		○
	民宿	民宿 元和や	0144-87-2272	竹浦297-171	https://gennaya.com/	
	民泊	JOYFUL	090-2075-5452	竹浦211-21	https://joyful-servicedaccommodation.business.site/	
	民泊	茶の温泉ハウス	070-2684-0707	竹浦181-392	https://www.harushouse.com/chanoonsenhouse	
	民泊	天然温泉マンイの湯	070-2684-0707	竹浦181-566	https://www.harushouse.com/manyisonsenhouse	
	民泊	豊水館	090-7054-9752	竹浦115-15	https://housuikan.studio.site/	
	民泊	貸別荘 齊	090-1386-6456	竹浦181-581	https://sai.yhome.jp/index.html	
北吉原	民泊	かんの家タロ邸 Taro house	090-9514-8822	北吉原668-243	https://tarohouse.life/	
	民泊	トシズハウス2	090-8278-0885	北吉原200-89		
	民泊	白老レンタルハウス	0166-92-2234	北吉原471-158	http://biei-eori.sub.jp/shiraoi/	
	民泊	汐の湯温泉	070-2684-0707	北吉原200-55	https://www.harushouse.com/shionoyuonsen	
	民泊	ハルズハウス1	070-2684-0707	北吉原369-134	https://www.harushouse.com/harushouse1	
	民泊	Viila 信	090-1386-6456	北吉原199-360	https://shin.yhome.jp/index.html	
	民泊	ベースしらおい	070-2684-0707	北吉原199-327	https://www.harushouse.com/baseshiraoi	
石山	民泊	トシズハウス	090-8278-0885	石山39-320		
市街地	ホテル・旅館	界ポロト	050-3134-8092（予約センター）	若草町1-1018-94	https://hoshinoresorts.com/ja/hotels/kaiporoto/	○
	ホテル・旅館	ピリカレラホテル	0144-85-4001	日の出町1-3-15	http://www.pirikarera.com/	

さらに チェックしておきたい白老情報

史跡 白老仙台藩陣屋跡

1856年（安政3年）から12年間にわたり、常時100人以上の仙台藩士が駐屯していた陣屋跡です。設置の目的はロシアの進出に備えての北方警備で、陣屋跡は当時の様子を伝えています。2022年、北海道遺産に選定されました。資料館＝**写真**＝には藩士の任務を伝える絵図や文書など、貴重な資料が展示保管されています。

🏠 白老町陣屋町681-4
📞 0144-85-2666
🕐 9:30〜16:30
🈺 月曜（祝日の場合は翌日休み）
💴 入館料高校生以上300円、小中学生150円＊各種割引あり

飛生アートコミュニティー・飛生芸術祭

国道から約6キロ入った森の中にある廃校を、芸術家たちのアトリエとして1986年から活用しています。2009年から年1回飛生芸術祭を開催し、校舎や周辺の森を最大限に使って彫刻や絵画、演劇、ダンスなどさまざまなアートを展開。飛生の土地でこそ展開できる創作活動を継続しており、全国からアーティストや観客が大勢集まります。

＊飛生芸術祭期間中以外は公開していません。

🏠 白老町竹浦520
作品：THE SNOWFLAKES／jam（飛生芸術祭 2022）撮影：リョウイチ・カワジリ

ポロト自然休養林

ポロト湖を取り囲む自然休養林では、トドマツ、カラマツはじめミズナラ、ハルニレなどが生育し、直径1メートルを超える巨木も見られます。エゾシカ、キタキツネなどの動物やアカゲラ、オオルリなどの野鳥も生息しています。展望台からは、樽前山やホロホロ山、太平洋も望むことができます。

🏠 白老町白老
📞 0144-82-2161（林野庁北海道森林管理局　胆振東部森林管理署）

白老周辺観光情報

萩野P.A

● 飛生アートコミュニティー

至登別

高速竹浦バス停

萩野駅

JR室蘭線　　竹浦駅　　北吉原駅

虎杖浜駅　　　　　　　　　　　　　国道36号

はしもと珈琲館 ●

海産物ロード

虎杖浜たらこのかんばら

たらこ家虎杖浜

haku

　「あるものを生かす」をテーマに、2019年、長年親しまれた旅館を改築してオープンしました。ホステルを併設し、朝8時30分から営業が始まります。北海道各地で作られたクラフトビールと白老産マダラの「フィッシュ＆チップス」の組み合わせは、ここでしか味わえない名物です。見ていて飽きない雑貨たちもチェックしてね。

🏠 白老町大町3-1-7
📞 0144-84-5633
🕐 8:30〜22:00
🈂 月、火曜（月曜が祝日の場合は営業）

Boulangerie Nishio

　クロワッサンやハード系など、50種類以上のパンを丁寧に愛情込めて提供しています。時間を要する製法を選択し、最大限に特徴を引き出す努力を惜しみません。優しさがにじみ出たパンを味わってみてください。

🏠 白老町緑丘1-2-1
📞 0144-84-3752
🕐 10:00〜18:00
　＊パンが売り切れ次第閉店
🈂 火、水曜

撮影：古瀬　桂/GAZE fotographica

ポロトミンタラ
白老駅北観光
インフォメーションセンター

　白老の多方面の観光情報を集約する、観光案内所を備えています。情報カウンターには外国語に対応するスタッフがいます。各種お土産や軽食もあり、ちょっとした休憩や立ち寄りに重宝します。1回100円で利用できる白老町交流促進バス「ぐるぽん」の停留所や24時間利用できるトイレもうれしい！

🏠 白老町若草町1-1-21
📞 0144-82-2216
🕐 9:00〜18:00、冬季9:00〜17:00
🈂 11月〜3月は売店のみ月曜（祝日の場合は翌日）、観光インフォメーションは営業
＊12/29〜1/3は休み

・徳寿ファームレストラン
　KANTO

・天野ファミリーファーム

道道86号

道央自動車道　　白老I.C

史跡 白老仙台藩
陣屋跡 ・

ポロト自然休養林

レストランカウベル　　Boulangerie Nishio　　ポロト湖

牛の里・　　ポロト
　　　　ミンタラ　　ウポポイ

ウエムラ・ビヨンド

マザーズプラス

haku ・　　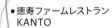　白老駅

JR室蘭線

社台駅

MAIKO'S BAKE　　おもてなし亭

国道36号

至苫小牧

太平洋

アイヌ民族について

もっと知りたい

　このガイドブックの最後に、アイヌ民族の歴史と「ウポポイ」が作られた経緯、さらにアイヌ民族についてより深く知りたい人たちのための学びの場となる関連施設、民族について触れた書籍などについて紹介します。ぜひ活用ください。

もっと知りたい❶　アイヌ民族関連の歴史

約3万年前	移動しながら生活していた人類は、地球の寒冷化で北海道が陸続きになると、マンモスなどの大型動物とともに、大陸から樺太を通って進出（旧石器文化）
約9,000年前	温暖化により大陸と離れた北海道では定住生活が本格化（縄文文化）
約7,000年前	海水面の上昇により内湾が発達し（縄文海進）、集落の周辺には大規模な貝塚が残された
約4,500年前	墓域や儀礼の場として機能していたと考えられる、石や土を使った大規模なモニュメント（環状列石、周堤墓、盛土遺構）の登場（縄文文化）

約2,400年前	本州では稲作による農耕が広まっていく一方、北海道や樺太、千島ではこれまで培った知識や経験を活かし、自然環境に適応しながら狩猟採集が続けられた（続縄文文化）
3〜4世紀	鉄器の使用が増え始める
5世紀	これまでの北海道の文化集団とは異なる、海洋適応した文化（オホーツク文化）集団が、オホーツク海沿岸地域を中心に進出。アムール川中流域の大陸の文化から、青銅製装飾品も入手
7世紀	本州との交易を背景に、鉄器（小刀、斧、刀剣類、鉄鏃、くわ、す

き先、鎌など）が一般的に使用されるようになる（擦文文化）

8 世紀　5 世紀ごろに朝鮮半島から日本列島に伝わったかまどは、東日本に広まった雑
穀農耕とともに北海道へ伝わった。ヒエ類、アワ類、キビ類などの雑穀農耕
が定着（擦文文化）

9 世紀　舷側板（げんそくばん）などの出土から、丸木舟を船底とし、その側面に板を縄で綴じる舟（準
構造船）が既に存在していたと考えられる。河川や沿岸から、外海へ積極的
に渡海できるようになり、海路の交通の整備が進んだ（擦文文化）

13 世紀　かまどを持つ竪穴式の住居が姿を消し、以後、炉を持つ平地式住居がつくら
れていく。煮炊き具が深鉢の土器から鉄鍋へと移行した。北海道の沿岸、樺
太南部、千島では鉄鍋をまねた土器が存在し、土器を使う文化が一部で残さ
れていた

1264 年　骨嵬（クギ）（アイヌ）が樺太付近で元軍と数回にわたり交戦

1356 年　「蝦夷ヵ千嶋」に「日ノ本」「唐子」「渡党」の三つの集団が住んでいると記
した「諏訪大明神絵詞」が成立

1411 年　奴児干都司（ヌルゲンとし）を置いた明と苦夷（クイ）（アイヌ）が朝貢交易をする

1457 年　コシャマインの戦いが起きる。志濃里（函館）付近で、マキリ（小刀）の出来
を巡る言い争いの結果、和人の鍛冶屋がアイヌの男性を刺殺。このため、翌年、
コシャマイン率いる武装したアイヌ勢が多くの和人の館を攻め落としたが、戦
いはコシャマインが殺され終結

1515 年　ショヤコウジ兄弟率いるアイヌ勢が蠣崎（かきざき）光広と戦う

1529 年　タナサカシ率いるアイヌ勢が上之国を攻撃

1536 年　タリコナ率いるアイヌ勢が蠣崎義広と戦う

1550 年または 1551 年　　東西アイヌ（現在の北海道南部）が蠣崎季広と講和

1604 年　徳川家康より松前慶広へ黒印状が与えられる

1643 年　ヘナウケ率いるアイヌ勢が松前藩と戦う

1648 年　「メナシクル」（東［静内～厚岸］の人）と「シュムクル」（西［新冠～白老］
の人）の間で争いが起こる

1669 年　シャクシャインの戦いが起きる。シベチャリ（静内）のシャクシャイン率いる
アイヌ勢が、各地で商船を襲うなど、松前藩に対して大きな戦いを起こした。
交易の交換比率の改悪等が背景にある。シャクシャインが和睦の席で殺されて
戦いは終わり、その後和人の優位が定着

1731 年　エトロフやクナシリのアイヌが初めて松前城下へ行く

1732 年	清が樺太中南部へ進出したため、辺民制度に編入される
1751 年	松前藩の許可を得た商船と、初めて樺太で交易する
1754 年	松前藩の船と、初めてクナシリで交易する
1756 年	津軽半島のアイヌが弘前藩の同化政策を受ける
1768 年	ロシアのコサック百人長チョールヌイが、毛皮税徴収のため千島を南下し、エトロフ等に到来する
1771 年	盛岡藩が下北半島のアイヌの民族別編成を停止

1789 年	クナシリ・メナシの戦いが起きる。場所請負人から、過酷な労働を強いられ、脅迫を受けたため、クナシリやメナシで和人に対して蜂起し、運上屋、商船などを次々に襲った。首謀者らは長老たちの説得に応じて降伏したが、鎮圧に来た松前藩に処刑され、戦いは終わった

1803 年	江戸幕府の「異国境」設定により千島との交易が遮断
1806 年	弘前藩が津軽半島のアイヌの民族別編成を停止
1812 年	江戸幕府による借財解消とサンタン交易参加禁止
1856 年	幕府からの呼称が「蝦夷人」から「土人」に替えられる
1869 年	明治政府が「北海道」と命名し、開拓使を設置して本格的な統治を開始
1871 年	開拓使が伝統的習慣を禁止し、日本語の習得を奨励。政府が戸籍法を施行し、後にアイヌ民族にも適用
1873 年	札幌周辺の河川でウライ（簗）によるサケ漁の禁止
1875 年	樺太千島交換条約により樺太アイヌ 841 人が北海道へ強制移住
1876 年	開拓使札幌本庁が危険さなどを理由に毒矢猟の禁止を布達。各地のアイヌ民族が延期を嘆願するが強行される
1878 年	開拓使が行政上のアイヌ民族の呼称を「旧土人」に統一
1884 年	千島アイヌ 97 人が色丹島に強制移住され、人口減少

1899 年	北海道旧土人保護法が施行される。アイヌ学校の設置、希望者への農地の下付（15,000 坪以内、相続以外での譲渡禁止、未開墾の場合没収など）が主な内容。和人を対象とした殖民地選定、区画事業を優先したため、農業に不向きな土地が多く、また和人よりも面積が狭いのが実態だった
1900 年	陸軍第 7 師団の移転計画により、旭川の開墾予定地からの移住命令に反対運動起こる
1902 年	落部（八雲）の弁開凧次郎ら、八甲田山踏破雪中行軍中の陸軍青森歩兵第 5 連隊などの遭難者を捜索
1904 年	日露戦争が勃発し、名寄の北風磯吉など 63 人が出征
1905 年	ポーツマス条約で北緯 50 度以南の樺太が日本領に。後に漁場や住宅、学校などを備えた 8 カ所に樺太アイヌが集住される
1911 年	膃肭臍保護条約でアイヌ民族の狩猟権が認められる
1916 年	新冠御料牧場内の姉去の 80 戸が、上貫気別（平取）に強制移住。旭川にアイヌ記念館（川村イタキシロマ館長）開館
1920 年	雑誌『ウタリグス』が刊行され、各地の若者が投稿する
1926 年	水平社に共鳴し、旭川の砂澤市太郎らが解平社を結成
1927 年	十勝地方のアイヌ民族が十勝旭明社を結成
1931 年	全道アイヌ青年大会（札幌）において政策などを議論
1932 年	荒井源次郎らが旭川の土地問題について日本政府に陳情
1933 年	樺太アイヌのうち、1875 年に北海道へ移住せず当時のロシア領の樺太にそのまま暮らしていた者が日本籍に編入され兵役法の適用を受ける
1937 年	北海道旧土人保護法改正によって、給与地の譲渡制限が緩和され、アイヌ学校が廃止される
1945 年	ソ連軍が日本領樺太、千島、色丹島、歯舞群島を占領し、1949 年にかけて千島アイヌ、樺太アイヌの大部分が北海道に移住を余儀なくされた。改正された衆議院議員選挙に 3 人が立候補したが落選
1946 年	北海道アイヌ協会が社団法人として創設、認可される。第 2 次農地改革法では、北海道アイヌ協会幹部らが GHQ 幹部に反対の意向を伝えたが、和人に給与地を転貸していたアイヌ民族は不在地主とみなされ土地の権利を失う
1947 年	北海道庁長官、道会議員選挙に各 1 人が立候補したが落選
1950 年	阿寒湖にて第 1 回まりも祭り開催（祭司・山本多助）
1959 年	幕別に蝦夷文化考古館（吉田菊太郎館長）開館

1961 年	北海道アイヌ協会が北海道ウタリ協会に名称変更
1964 年	旭川で北海道アイヌ祭り開催。伝統舞踊を伝承する帯広カムイトウウポポ保存会が結成
1970 年	シャクシャイン顕彰会、静内（新ひだか）にシャクシャイン像建立
1972 年	旭川アイヌ協議会発足、北海道旧土人保護法廃止を提言。平取に二風谷アイヌ文化資料館（貝澤正館長）開館
1973 年	全国アイヌの語る会開催（砂澤ビッキ議長）。東京ウタリ会創設。ヤイユーカラ・アイヌ民族学会創立
1974 年	根室でクナシリ・メナシの戦いの戦没者を慰霊するために、ノッカマップ・イチャルパ（結城庄司委員長）始まる
1980 年	関東ウタリ会が創設され、翌年、東京都に集会場の確保や在京アイヌ生活実態調査員の配置などを陳情
1982 年	北海道ウタリ協会総会、北海道旧土人保護法の廃止と新法制定を決議。札幌でアシリチェップノミ開始
1984 年	北海道ウタリ協会が「アイヌ民族に関する法律（案）」を採択し、北海道大学アイヌ納骨堂におけるイチャルパ（供養祭）を開始。白老にアイヌ民族博物館（山丸武雄館長）開館
1986 年	中曽根康弘首相（当時）が「日本単一民族国家」発言
1987 年	北海道ウタリ協会が国連の「先住民作業部会」に正式参加。二風谷、旭川でアイヌ語教室開始
1992 年	国連本部での「国際先住民年」開幕式典で、北海道ウタリ協会の野村義一理事長が演説
1994 年	萱野茂がアイヌ民族初の国会議員（参議院）となる
1997 年	札幌地裁がアイヌを先住民族とする「二風谷ダム判決」を行う。北海道旧土人保護法と旭川市旧土人保護地処分法が廃止され、アイヌ文化振興法（略称）が公布される
2007 年	国連総会「先住民族の権利に関する国際連合宣言」採択
2008 年	衆参両院において「アイヌ民族を先住民族とすることを求める決議」採択。平取と札幌で先住民族サミット「アイヌモシリ2008」開催
2009 年	北海道ウタリ協会が北海道アイヌ協会に名称変更
2010 年	登別に知里幸恵 銀のしずく記念館が開館
2013 年	経済産業大臣が「二風谷イタ」、「二風谷アットゥシ」を伝統的工芸品に指定

2019 年	アイヌ文化振興法に代わり、アイヌ施策推進法（略称）が公布される。国連により「国際先住民族言語年」と定められる
2020 年	白老に民族共生象徴空間（愛称：ウポポイ）が完成する

もっと知りたい❷　ウポポイ開設の経緯

【背景・目的】

❖アイヌ文化の振興や普及啓発は、伝承者の減少、アイヌ語や伝統工芸など存立の危機にある分野の存在、また、未だなおアイヌの歴史や文化等について十分な理解が得られていないといった課題に直面しています。

❖このような背景を踏まえ、2009 年（平成 21 年）7 月、「アイヌ政策のあり方に関する有識者懇談会」（座長：佐藤幸治京都大学名誉教授）において、アイヌの人々が先住民族であるとの認識に基づき、アイヌ政策の「扇の要」として民族共生象徴空間が提言されました。

❖民族共生象徴空間（ウポポイ）は、アイヌ文化を振興するための空間や施設であるだけではなく、我が国の貴重な文化でありながら存立の危機にあるアイヌ文化を復興・発展させる拠点として、また、将来に向けて先住民族の尊厳を尊重し、差別のない多様で豊かな文化を持つ活力ある社会を築いていくための象徴として位置づけられています。

【機能】

❖アイヌの歴史・文化を学び伝えるナショナルセンターとして、長い歴史と自然の中で培われてきたアイヌ文化をさまざまな角度から伝承・共有するとともに、人々が互いに尊重し共生する社会のシンボルとして、また、国内外、世代を問わず、アイヌの世界観、自然観等を学ぶことができるよう、必要な機能を備えた空間です。

【沿革】

2007年（平成19年）9月	国連総会において「先住民族の権利に関する国際連合宣言」が採択
2008年（平成20年）6月	衆参両院において「アイヌ民族を先住民族とすることを求める決議」が全会一致で採択
2009年（平成21年）7月	政府が設立した「アイヌ政策のあり方に関する有識者懇談会」の報告書において「民族共生の象徴となる空間」の整備を提言
2014年（平成26年）6月	「『民族共生の象徴となる空間』の整備及び管理運営に関する基本方針」閣議決定。民族共生象徴空間が北海道白老郡白老町へ整備されることが決定する
2017年（平成29年）6月	「『民族共生象徴空間』の整備及び管理運営に関する基本方針」の一部変更を閣議決定。運営主体を「公益財団法人アイヌ文化振興・研究推進機構」に指定
2018年（平成30年）4月	「公益財団法人アイヌ文化振興・研究推進機構」と「一般財団法人アイヌ民族博物館」が合併し、「公益財団法人アイヌ民族文化財団」に名称変更
2018年（平成30年）12月	民族共生象徴空間の愛称が一般投票により「ウポポイ」に決定
2020年（令和2年）7月12日	一般公開

もっと知りたい❸　アイヌ文化を知る博物館

北海道博物館
札幌市厚別区厚別町小野幌 53-2　TEL：011-898-0466

サッポロピリカコタン
札幌市南区小金湯 27　TEL：011-596-5961

北海道立アイヌ総合センター
札幌市中央区北 2 条西 7 かでる 2・7 ビル 7 階　TEL：011-221-0462

函館市北方民族資料館
函館市末広町 21-7　TEL：0138-22-4128

旭川市博物館
旭川市神楽 3 条 7 大雪クリスタルホール内　TEL：0166-69-2004

川村カ子トアイヌ記念館
旭川市北門町 11　TEL：0166-51-2461

釧路市立博物館
釧路市春湖台 1-7　TEL：0154-41-5809

阿寒湖アイヌシアター イコロ
釧路市阿寒町阿寒湖温泉 4-7-84　TEL：0154-67-2727

帯広百年記念館
帯広市緑ヶ丘 2　TEL：0155-24-5352

網走市立郷土博物館
網走市桂町 1-1-3　TEL：0152-43-3090

北海道立北方民族博物館
網走市潮見 309-1　TEL：0152-45-3888

苫小牧市美術博物館
苫小牧市末広町 3-9-7　TEL：0144-35-2550

名寄市北国博物館
名寄市字緑丘 222　TEL：01654-3-2575

のぼりべつクマ牧場・ユーカラの里／アイヌ生活資料館
登別市登別温泉町 224　TEL：0143-84-2225

知里幸恵　銀のしずく記念館
登別市登別本町 2-34-7　TEL：0143-83-5666

八雲町郷土資料館・木彫り熊資料館
二海郡八雲町末広町 154　TEL：0137-63-3131

余市水産博物館
余市郡余市町入舟町 21　TEL：0135-22-6187

平取町立二風谷アイヌ文化博物館
沙流郡平取町二風谷 55　TEL：01457-2-2892

萱野茂二風谷アイヌ資料館
沙流郡平取町二風谷 79-4　TEL：01457-2-3215

浦河町立郷土博物館
浦河郡浦河町西幌別 273-1　TEL：0146-28-1342

新ひだか町アイヌ民俗資料館
日高郡新ひだか町静内真歌 7-1　TEL：0146-43-3094

弟子屈町屈斜路コタンアイヌ民族資料館
川上郡弟子屈町屈斜路市街 1 条 14 地先　TEL：015-484-2128　休館中 015-482-2948

アイヌ文化交流センター
東京都台東区元浅草 3-7-1 住友不動産上野御徒町ビル 3 階　TEL：03-5830-7547

東京国立博物館
東京都台東区上野公園 13-9　TEL：050-5541-8600（ハローダイヤル）

国立歴史民俗博物館
千葉県佐倉市城内町 117　TEL：050-5541-8600（ハローダイヤル）

野外民族博物館リトルワールド
愛知県犬山市今井成沢 90-48　TEL：0568-62-5611

国立民族学博物館
大阪府吹田市千里万博公園 10-1　TEL：06-6876-2151

もっと知りたい❹ アイヌ民族の文化、言葉、歴史を学ぶ書籍

※代表的なものを記載、入手困難な本もあり

❖アイヌ文化（幼児、小中高生向け）

①けーたろう 、なかいれい『おばけのマールとすてきなことば』中西出版

②北原モコットゥナシ（編著）小笠原小夜（絵）『ミンタラ1　アイヌ民族 27 の昔話』北海道新聞社

③北原モコットゥナシ（編著）小笠原小夜（絵）『ミンタラ2　アイヌ民族 21 の人物伝』北海道新聞社

④中川裕（監修）『アイヌ文化の大研究 歴史、暮らし、言葉を知ろう』PHP 研究所

⑤北原モコットゥナシ・蓑島栄紀（監修）『アイヌ もっと知りたい！くらしや歴史（調べる学習百科）』岩崎書店

⑥坂田美奈子（著）『先住民アイヌはどんな歴史を歩んできたか（歴史総合パートナーズ）』清水書院

❖アイヌ文化（一般向け）

①アイヌ民族博物館（監修）『アイヌ文化の基礎知識 増補・改訂』草風館

②佐々木利和（著）『アイヌ文化誌ノート』吉川弘文館

③中川裕（著）『アイヌ文化で読み解く「ゴールデンカムイ」』集英社新書

④別冊太陽編集部（編）『アイヌをもっと知る図鑑 歴史を知り、未来へつなぐ（別冊太陽 日本のこころ）』平凡社

⑤関根達人ほか（編）『アイヌ文化史辞典』吉川弘文館

⑥大貫恵美子（著）『樺太アイヌ民族誌 その生活と世界観』青土社

⑦萱野茂（著）『アイヌ歳時記 二風谷のくらしと心』ちくま学芸文庫

⑧ Fitzhugh, William W. and Chisato O. Dubreuil eds. 『Ainu: Spirit of a Northern People.』 National Museum of Natural History, Smithsonian Institution: WashingtonD.C.

⑨金田一京助（著）『金田一京助全集』三省堂

⑩知里真志保（著）『知里真志保著作集』草風館

⑪久保寺逸彦（著）『久保寺逸彦著作集』草風館

⑫更科源蔵（著）『コタン生物記』3 巻セット　青土社

⑬ PDF 『アイヌ文化・ガイド教本』北海道観光振興機構 2019
https://ainu guide.visit hokkaido.jp/guide/

❖モノ、木彫、刺しゅう

①萱野茂（著）『アイヌの民具』アイヌの民具刊行運動委員会

②津田命子（著）『伝統のアイヌ文様構成法によるアイヌ刺しゅう入門 チヂリ編』クルーズ

③山崎幸治（著）『もっと知りたいアイヌの美術』東京美術

④池田忍（編）『問いかけるアイヌ・アート』岩波書店

⑤池谷和信（編著）『アイヌのビーズ 美と祈りの二万年』平凡社

❖料理

①萩中美枝 他著『日本の食生活全集 48　聞き書　アイヌの食事』農文協

②計良智子（著）『フチの伝えるこころ』寿郎社

③藤村久和（監修）『アイヌのごはん 自然の恵み』デーリィマン社

❖アイヌ語

①中川裕（著）『ニューエクスプレスプラス アイヌ語』白水社

②佐藤知己『アイヌ語文法の基礎』大学書林

③田村すず子「アイヌ語」（亀井孝、河野六郎、千野栄一［編著］『言語学大辞典セレクション 日本列島の言語』所収）三省堂

④中川裕（監修）『ニューエクスプレス・スペシャル日本語の隣人たち I + II 合本』白水社

⑤知里真志保『アイヌ語入門　―とくに地名研究者のために―』北海道出版企画センター

⑥瀧口夕美（著）、中川裕（監修）『子どもとまなぶアイヌ語』編集グループ SURE

❖アイヌ語辞典

①知里真志保（編）『地名アイヌ語小辞典』北海道出版企画センター

②萱野茂（編）『萱野茂のアイヌ語辞典』三省堂

③田村すず子（編）『アイヌ語沙流方言辞典』草風館

④中川裕（編）『アイヌ語千歳方言辞典』草風館

⑤切替英雄（編著）『アイヌ神謡集辞典 テキスト・文法解説付き』大学書林

⑥服部四郎（編）『アイヌ語方言辞典』岩波書店

⑦久保寺逸彦（著）『久保寺逸彦著作集 4 アイヌ語・日本語辞典稿』草風館

❖口承文芸・文学

①知里幸恵（編訳）『アイヌ神謡集』岩波文庫

②知里真志保（著）『**アイヌ民譚集**』岩波文庫

③違星北斗（著）『**違星北斗歌集 アイヌと云ふ新しくよい概念を**』角川ソフィア文庫

④山本多助（著）『**カムイ・ユーカラ**』平凡社ライブラリー

⑤萱野茂（著）『**アイヌの昔話**』平凡社ライブラリー

⑥萱野茂（著）『**アイヌと神々の謡 カムイユカラと子守歌**』ヤマケイ文庫

⑦萱野茂（著）『**アイヌと神々の物語 炉端で聞いたウウェペケレ**』ヤマケイ文庫

⑧四宅ヤエ（伝承），藤村久和・若月亨（訳、注）『**アイヌの神々の物語―四宅ヤエ媼伝承**』
　藤田印刷エクセレントブックス

⑨中川裕（著）『**アイヌの物語世界 改訂版**』平凡社ライブラリー

⑩バチェラー八重子（著）『**若きウタリに**』岩波現代文庫

❖アイヌの歴史（考古～近現代）

①長沼孝・越田賢一郎・榎森進・田端宏・池田貴夫・三浦泰之（著）『**新版 北海道の歴史（上）
　古代・中世・近世編**』、関秀志・桑原真人・大庭幸生・高橋昭夫（著）『**新版 北海道の
　歴史（下）近代・現代編**』北海道新聞社

②桑原真人・川上淳（著）『**北海道の歴史がわかる本 石器時代から近・現代までイッキ読み！
　増補版**』亜璃西社

③加藤博文（編）『**いま学ぶアイヌ民族の歴史**』山川出版社

④関根達人（著）『**モノから見たアイヌ文化史**』吉川弘文館

❖アイヌの歴史（擦文〜中近世〜近現代）

①榎森進（著）『アイヌ民族の歴史』草風館

②関口明、桑原真人ほか（編）『アイヌ民族の歴史』山川出版社

③リチャード・シドル（著）マーク・ウィンチェスター（訳）『アイヌ通史「蝦夷」から先住民族へ』岩波書店

④佐々木史郎（著）『北方から来た交易民 絹と毛皮とサンタン人』NHKブックス

⑤小川正人（著）『近代アイヌ教育制度史研究』北海道大学出版会

⑥山田伸一（著）『近代北海道とアイヌ民族 狩猟規制と土地問題』北海道大学出版会

⑦ザヨンツ・マウゴジャータ（著）『千島アイヌの軌跡』草風館

⑧東村岳史（著）『近現代北海道とアイヌ民族 - 和人関係の諸相』三元社

⑨竹内渉（著）『戦後アイヌ民族活動史』解放出版社

⑩関口由彦（著）『首都圏に生きるアイヌ民族「対話」の地平から』草風館

⑪中村睦男（著）『アイヌ民族法制と憲法』北海道大学出版会

⑫佐々木利和ほか（編）『街道の日本史 1 アイヌの道』吉川弘文館

❖アイヌの歴史（自伝・伝記）

①瀧口夕美（著）『民族衣装を着なかったアイヌ　北の女たちから伝えられたこと』 編集グループSURE

②山辺安之助（著）金田一京助（編）『あいぬ物語 新版』青土社

③砂沢クラ（著）『ク スクッㇷ゚ オルシペ 私の一代の話』らぷらん

④萱野茂（著）『完本　アイヌの碑』朝日文庫

⑤姉崎等（語り手）片山 龍峯（聞き書き）『クマにあったらどうするか アイヌ民族最後の狩人 姉崎等』ちくま文庫

⑥荒井和子（著）『先生はアイヌでしょ 私の心の師』北海道出版企画センター

⑦遠山サキ（語り）弓野恵子（聞き書き）『アネサラ　シネウプソロ　アイヌとして生きた遠山サキの生涯』地湧社

⑧安部洋子（自伝と句）『オホーツクの灯り 樺太、先祖からの村に生まれて』クルーズ

⑨北原きよ子（著）『わが心のカツラの木 滅びゆくアイヌといわれて』岩波書店

もっと知りたい❺ ウポポイのキャラクター、ロゴマーク

キャラクター

❖名前 トゥレッポん

❖「トゥレッポん」って？

● トゥレㇷ゚（オオウバユリ）の年頃の女の子
● 小さい頃は土の中で育って、年頃になったらイルㇷ゚（デンプン）になったり、さらに美味しいお料理に変身
● 性格はのんびり屋さん
　（成長スピードがゆっくりであることから。最後の年には茎が伸びて種をまく）
● 右手にはトゥレㇷ゚アカム（オオウバユリの円盤）。トゥレㇷ゚から作る保存食
　お腹が空いている人に会ったらプレゼントすることも
● 左手にはトゥレㇷ゚の茎。とても長い茎で、お散歩の時には杖にもなる
　丸いプップッ（果実）が茶色になると、シャラシャラと種が飛び出して仲間を増やす

❖名前の由来

● turep（トゥレㇷ゚）
　アイヌ語で「オオウバユリ」の意。
　オオウバユリは北海道、本州の中部以北の林内に自生するユリ科ウバユリ属の多年草。
● po（ポ）
　アイヌ語で「小さいもの」というニュアンスを付け加える語
● ん
　キャラクターのイメージを踏まえ、結びに「ん」を付け加えることで呼びやすく可愛らしい音の響きに

125

ロゴマーク

ウポポイ（民族共生象徴空間）
ロゴマーク

国立アイヌ民族博物館
ロゴマーク

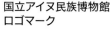

❖ウポポイロゴマークのコンセプト

●ポロト湖周辺の自然景観（山並みや湖）をイメージ

●また、アイヌのものづくりの極みのひとつである、男性が正装時に身につける儀礼用の太刀を下げるための帯（エムシアッ）の文様をイメージ

●メインカラーとして、伝統的なアイヌの服飾に用いられることも多い、紺と赤を採用

●下の縦線の本数は、アイヌ語で「たくさん」を表わす表現にも用いられる数「6」とし、多くの人々が集うことをイメージ

❖国立アイヌ民族博物館ロゴマークのコンセプト

●伝統的なアイヌの家屋における屋根を支える構造のひとつである三脚（ケトゥンニ）をイメージ。アイヌ文化の復興、新たな文化の創造を「支える」イメージ

●メインカラーとして、伝統的なアイヌの服飾に用いられることも多い、紺と赤を採用

●下の縦線の本数は、アイヌ語で「たくさん」を表わす表現にも用いられる数「6」とし、多くの人々が 集うことをイメージ。博物館の基本展示を構成するテーマ展示の数「6」とも合致

おわりに

豊かな自然に抱かれたポロト湖畔に立地する民族共生象徴空間ウポポイ。

伝統的なアイヌ文化から現在に息づく多様なアイヌ文化まで
多彩な展示で紹介する国立アイヌ民族博物館。

アイヌの古式舞踊やムックリ・トンコリをはじめとする伝統芸能、
木彫や刺しゅうの実演を直にご覧いただけるだけでなく、
かやぶきのチセ（家屋）が再現された伝統的コタンでは、
当時のアイヌの暮らしや文化を体感することもできます。

ウポポイは、自然界すべての物に魂が宿るとされる
アイヌの精神文化に直接触れることができる空間です。

そこには静かな時間が流れています。
ウポポイは、皆さんのお越しを心からお待ちしております。

◆協力
執筆、画像など提供：公益財団法人アイヌ民族文化財団

意匠（国立アイヌ民族博物館の施設の文様）：津田命子（デザイン）、久米設計、北海道開発局
画像提供：丹青社
観光情報提供：白老観光協会

編集：山田みえこ（フリー）
写真：菅原誠人（フリー）

ブックデザイン：佐々木正男（佐々木デザイン事務所）

ウポポイまるごとガイド

2023年10月21日　初版第1刷発行

編者　　北海道新聞社
発行者　近藤浩
発行所　北海道新聞社
　　　　〒060-8711　札幌市中央区大通西3-6
　　　　出版センター（編集）TEL011-210-5742
　　　　　　　　　　　（営業）TEL011-210-5744
印刷製本　㈱アイワード